外から見えない
世の中の裏事情

ライフ・リサーチ・プロジェクト[編]

青春出版社

他人にはちょっと教えたくない禁断の裏話が満載です――はじめに

どんな世界にも、外からはなかなか覗くことのできない秘密の〝ゾーン〟があるもの。この本では、その奥深くに分け入り、調べあげた成果を初公開した。

たとえば、最近よく目にするようになった敷金ナシ、礼金ナシの「ゼロゼロ物件」のカラクリ、スーパーでよく目にする無料給水サーバーの意外な戦略……。各業界の驚くべき裏ルールから、知らないと損する不文律、そこにいる人だけが知っている秘密の話まで――。

今まで誰も教えてくれなかった意外な真相に、驚愕すること必至である。

2018年2月

ライフ・リサーチ・プロジェクト

外から見えない世の中の裏事情＊目次

1 日常の裏側に潜むもの 13

目次

2 ビジネスには表もあり、ウラもあり　53

4 「街」は裏から読むとおもしろい 111

5 芸能、スポーツ…エンタメ世界の光と影 137

6 見てはいけない⁉ アブない世界 171

カバー写真提供■shutterstock
frankie's/shutterstock.com
ＤＴＰ■フジマックオフィス
制作■新井イッセー事務所

1 日常の裏側に潜むもの

沖縄と東北の郵便番号は、なぜどちらも「9」から始まる？

電話番号の市外局番は、北海道と北東北が「01」から始まり、南東北と北関東、信越が「02」、南関東が「03」と「04」で、中部が「05」、近畿は「06」と「07」…と北から順に数字が大きくなっていき、何となくおさまりがいい。

ところが、郵便番号はバラバラだ。

上2桁が「10～20」から始まるのは東京で、「21～40」は関東甲信、「41～51」は東海で、「52～67」は近畿と続いていく。そして沖縄の「90」の次は、北陸の「91～93」へと飛び、東北で「96～99」に行きつく。北海道にいたっては「00」から始まる地域もある。

なぜ、郵便番号は電話番号の市外局番のように北海道から順に振り分けられなかったのだろうか。

郵便番号制度がスタートしたのは高度経済成長期の1968年で、まず、最も郵便物の取り扱いが多い東京が起点に定められた。そこから、日本の鉄道の大動脈である東海道沿いに郵便番号が振り分けられていったのだ。

その後、山陽道に沿って数字が増えていき、沖縄まで設定が完了すると、次は大阪を起点にして北上していく。そのため、北陸から東北に向かって数字は増えていくのである。

ちなみに、郵便番号制度が始まった時点では沖縄はまだアメリカから返還されていなかったが、将来の返還に備えて「90」を取っておいたのだという。

無線通信技術がどうして「青い歯（blue tooth）」？

ひと昔前ならパソコンの周辺にはさまざまな太さや色のケーブルが渦巻いていたものだが、今は無線ＬＡＮのおかげでワイヤレスになりスッキリした。

このようにキーボードやマウス、スピーカーなどの周辺機器が無線でつながるようになったのは、近距離で使える無線通信機能のおかげだ。

その代表的なものが「Bluetooth」である。

スマホの画面の上部にも当たり前のように横を向いたリボンのようなBluetoothのマークがついている。

しかし、なぜ無線通信のブランド名を「Bluetooth＝青い歯」にしたのだろうか。

この技術を開発したエリクソン社はスウェーデンの会社なのだが、じつはこれは10世紀に実在した同じ北欧のデンマーク王の異名なのだ。

「青歯王」と呼ばれたハーラル1世は、異なる民族であるデンマーク人とノルウェー人を平和的に統合した人物として知られている。デンマーク全域を支配した最初の王ともいわれているのだ。

そこで、その業績にちなんでさまざまな無線通信規格を統一したいという思いから、エリクソン社の技術者が英語読みの名をつけたのだ。日本だったら、さしずめ卑弥呼や豊臣秀吉といったところだろう。

そんな願いが実を結び、Bluetoothは今では全世界の3万社を超える企業が登録する無線通信技術になっている。

スーパーにはなぜ無料の給水サーバーがあるのか

スーパーマーケットなどで当たり前に目にするようになったのが、水を無料で給水できるサーバーの存在だ。最初に専用のボトルさえ購入すれば、以降は無料で水を汲んで持ち帰ることができる。

なぜこんなことができるのかというと、サーバーに入っているのはミネラルウォーターではなく、水道水をろ過した純水と呼ばれるものだからだ。

サーバーの中でろ過されて不純物をほぼ取り除いた純水は、サーバーのメンテナンスが必要なものの原価は水道料金のみとかなり低く抑えられる。スーパーにとっては、低コストの給水システムを設置することで集客につなげることができるのだ。

一方、サーバー会社にとっては、月に数千円のメンテナンス料がうまみとなる。一回設置してしまえば、メンテナンスをコンスタントに行うことで安定した収益を上げることができるのだ。

まさにウィンウィンの新しいビジネスモデルとなったのが、この「スーパーの無料の水」なのである。

気象庁が桜の開花予想をしない理由

日本の春のお楽しみといえば、なんといっても桜である。3月も前半になると、今年の見頃はいつなのかソワソワし出すお花見好きも多いはずだ。

東京の桜は、千代田区の靖国神社の境内にある1本の桜を「標準木」と定め、それを観察することで開花したかどうかを判断している。

5、6輪の花が咲くと「開花」が宣言され、全体の8割が咲いたところで「満開」の発表となる。

こうした「標準木」は各都道府県にあり、その多くは各地の気象台や大きな公園などにある桜が選ばれているようだ。

ところで、その時期に天気予報で頻繁に流れるのが「開花予想」だが、現在その多くはウェザーニューズなどの民間の会社が担っている。

かつては気象庁だけが行っており、２００９年まで続けられていたが、２０１０年からは取り止めになった。

じつはその2年前の２００７年の春に、予測を立てるためのプログラムに入力ミスがあり、その結果として東京や松山など数か所で予想を大きく外してしまったのだ。

気象庁は謝罪会見まで行ったが、ほどなくして開花予想そのものから撤退。開花宣言を行うのみとなったのである。

現在は民間企業が正確さを競って毎年発表しているが、昨今の異常気象から予測は難しくなっている。

一方、ネットの情報サイトなどでは各地の住民から桜の様子を写した写真を募り、それによって開花状況がリアルタイムにわかるようになった。

コンピュータの予測より、結局は人の目による観察がいちばん信頼できるということだろう。

そもそも、色鉛筆はどうして丸いのか

幼稚園や小学校で絵を描く時に使うのが色鉛筆だ。大人になっても、趣味や仕事として使っているという人も多いだろう。

おおかたの色鉛筆の形は丸く、六角形や三角形をしている鉛筆とは明らかに違っている。そこには、色鉛筆ならではの事情があるのだ。

色鉛筆の芯には、色をつけるための顔料や染料、さらに柔らかくするための鉱物やロウが使われている。これらの特徴として、熱に弱いということが挙げられる。

黒い鉛筆は芯を高温で焼くことで強度を上げることができるが、熱に弱い原料を使っている色鉛筆は、熱処理ができないためにどうしても折れやすくなってしまうのだ。

そこで、少しでも強度を増すために丸い形が選ばれているのである。円は強度を保つためには最適の形なのだ。

しかし、いくら強度を増しているとはいえ、色鉛筆の芯がもろいのは変わらない。丸い形は転がりやすく、落としやすいというデメリットもある。色鉛筆を使う時は、折れやすいということを頭に入れて使いたいものである。

敷金ナシ、礼金ナシの「ゼロゼロ物件」の損得のカラクリ

かつて賃貸物件を借りる際には敷金が家賃の2カ月分、礼金も同じく2カ月分というのが相場だったが、近頃では敷金ゼロ、礼金ゼロのいわゆる「ゼロゼロ物件」も当たり前になっている。

引っ越しするのにまとまったお金がない人からすれば有難い物件に思えるが、これにはもちろん裏事情がある。

まず、礼金ゼロについては空き室が増えてきたことが背景にある。そもそも礼金は大家さんへのお礼の気持ちとして支払っていたものだ。

慣例としてずっと続いてきたが、空き室が増えてきたことで礼金をゼロにしてで

も入居してもらったほうが大家さんには得なのだ。

だから礼金ゼロについてはそれほど心配ないのだが、敷金ゼロについては注意が必要である。

敷金はいわゆる保証金のようなものだ。賃料が支払えなくなった場合や、退去する際に現状回復義務として住んでいた部屋を修理する必要があれば敷金から清算される。

一方、敷金ゼロだと、退去時に修理代やクリーニング代を請求されることもあり得る。退去時の費用がどのような取り決めになっているか確認したほうがいいのはいうまでもない。

また、家賃を数日滞納しただけで違約金を請求されたり、退去時に高額な修理代を請求されたりといったトラブルが発生することもある。

広告には敷金ゼロと表示していても、実際には〝保証金〟と名目を変えて請求されるケースも存在する。しっかりと契約内容に目を通して、納得してから契約することが大切だ。

いずれにしても、敷金ゼロ、礼金ゼロの物件は賃料が相場より高めに設定されていることも多い。入居時にタダで契約できるからとうかつに飛びつくと、後から高くつくこともある。

Google検索をめぐるウソのような本当の話一覧

インターネットで知りたいと思うことを検索する時に、検索エンジンのGoogleを利用しているという人は多いだろう。このGoogle検索は検索に役立つだけでなく、楽しい裏ワザがいろいろと隠されていることはよく知られている。

ブラウザにもよるが、日本語で「斜め」や、英語で斜めを意味する「askew」を入力して検索すると、実際に画面が斜めになる。

同じように「一回転」や「do a Barrel roll」を検索すると、画面がグルッと回転する。

そのほかにも「Google Gravity」と入力してから、「I'm Feeling Lucky」のボタンをクリックすると、画面がガラガラと崩れ落ちる。

Gravity は重力という意味なので、Google の画面も重力に耐えきれずに落下してしまうという面白い趣向である。

また、「人生、宇宙、すべての答え」を検索すると、検索結果には電卓に「42」という数字が表示される。これはイギリスの作家ダグラス・アダムズのSF小説である『銀河ヒッチハイク・ガイド』に由来している。

小説の中でスーパーコンピューターが「生命、宇宙、そして万物についての究極の疑問の答え」としてはじき出したのが42という数字だったからである。

どれもこれも現実的には役には立たないかもしれないが、Google の遊び心のなせるワザだ。ほかにもいろいろと裏ワザが隠されているので探してみると面白いだろう。

ドラッグストアの食品がスーパーよりも安いワケ

ドラッグストアといえば今や医薬品や化粧品だけでなく、掃除用品やティッシュペーパーなどの日用品、ペット用品、飲料水、食料品までスーパーやコンビニ顔負けの品揃えを誇っている。

しかも、意外なことに、食品などはスーパーやコンビニよりも安く販売していることもあるので、スーパー代わりにドラッグストアを活用しているという人もいるだろう。

それにしてもドラッグストアはなぜ、スーパーよりも安く食料品を売ることができるのだろうか。

理由のひとつは、主力商品である医薬品や化粧品の利益率が高いということにある。

薬や化粧品が売れれば、しっかりと利益が出る。その分、食料品はそれほど利益を考えずに安くできるというわけだ。

安い食料品を目当てにして店に立ち寄ってもらい、ついでにメイン商品である医薬品や化粧品を買ってもらおうという算段である。

また、ほとんどのドラッグストアが全国チェーンなので、大量に発注することで商品の単価を下げることができる。

クリスマスやハロウィンなどの季節限定商品でメーカーが大量に在庫を抱えたものを問屋を通さずに直接仕入れ、少し季節外れになっても格安に販売することもある。

また、24時間営業や銀行のＡＴＭ、コピー機など、コンビニが合体したかのようなサービスを行っているドラッグストアも少なくない。

こうした努力の積み重ねでギリギリのところまで食料品を安くし、来店頻度を上げて売上げに結びつけようとしているのだ。

ルンバを生んだテクノロジーの「ルーツ」とは？

部屋の中を自動で掃除してくれる自走式掃除機ロボットは、忙しい人や掃除が苦手な人にとっては大助かりな存在である。

なかでもアイロボット社の「ルンバ」は、その先駆けとして自走式掃除機ロボットの代名詞にもなっている。

かいがいしく部屋中を掃除する姿が可愛らしくも見えるルンバだが、じつはこの小さなロボットのルーツをたどっていくと地雷探知ロボットのテクノロジーが受け継がれている。

ルンバを開発したアイロボット社は、アメリカのマサチューセッツ工科大学のロボット学者たちによって１９９０年に創設された。

創設後、同社は宇宙探査ロボットや地雷探知ロボットなどを次々と開発した。その探知機能を活かしたロボットが、２００１年のアメリカ同時多発テロの時にはがれきの下の被災者の探索にも活躍している。

そのほか第２次湾岸戦争での地雷探知や、エジプトの大ピラミッドの探査、２０１１年の東日本大震災の原発事故では原発の建屋内の探査など、同社のロボットは危険を伴うさまざまな現場で利用されているのだ。

そうした技術を家庭に応用したのがルンバで、搭載の人工知能が部屋の中の状況を判断して障害物や階段を回避したり、ちょっとした段差なら乗り越えたりしながら人間に代わって掃除をしてくれるのである。

コワいほど進化した、お店の「レジ」の最新事情

社会を動かすインフラの多くがコンピューターで管理されている現在では、スーパーで買い物をすればその情報が即座に共有され、売り上げの集計や商品の仕入れに役立てられている。

そのデータ収集を行っているのは、ＰＯＳレジだ。

ひと昔前は、ガチャガチャ、チーンとお金を計算していたイメージのあるレジだが、ＰＯＳレジはwindowsによって動いており、コンピューター制御されることによって店舗運営の中核を担う存在になったのだ。

ブランド物を扱う高級店や、スタイリッシュなイメージの店舗などではさらに進んで、タブレットがレジとなって決済ができるところもある。

従来のようなレジスターは、そう遠くない将来には「平成の遺物」となるのかもしれない。

電話と電卓の数字の配列が微妙に違うのはどうして？

数字のボタンを押して使うものとして挙げられるのが、電話と電卓だ。同じように見えるこの2つの数字の配列だが、じつはまったく違うのをご存じだろうか。

計算に使う電卓では、ＩＳＯ（国際標準化機構）の基準によって0から順に下から並べられている。これは、計算に最も多く使われる0の位置を手前にすることを理由に決められているという。

同じように携帯電話やプッシュ式の電話の場合も使いやすさを基準に決められているのだが、0が下にあり、1から順に上から並べられている。

電話の配列を決めているのは、ＩＴＵ－Ｔ（国際電気通信連合の電気通信標準化部門）だ。

ふだん何気なく使っているため自然と手が動いているのだが、あらためて見てみるとその配列にも意味があるとはなかなか面白いものである。

南極の昭和基地に国内郵便と同じ値段で手紙が出せる?

日本の郵便システムは、世界的に見てもトップレベルの優秀さだ。国内であれば次の日から数日の間に確実に配達され、誤配や紛失のリスクも極めて低い。これは、諸外国から見ると驚異的なことなのだという。

国内だけでなく海外にも送ることができる郵便だが、遠く離れた南極にも送ることができることはご存じだろうか。

日本の観測拠点である南極の昭和基地には、年に1回、郵便局が開設される。南極観測船「しらせ」によって日本から郵便物が運搬されるのだ。

驚くのはその料金で、国内便と同じくはがきは62円、封書は82円となっている。昭和基地に郵便物を届けるだけでなく、昭和基地やしらせにある郵便局を経由して郵便を送ることもできる。

ここで消印が押された郵便物が届いたら、受け取った人にとっては嬉しいサプライズとなること請け合いだ。ただし、配達には半年程度かかるので注意したい。

新車市場にいま起きている変化の〝波〟の正しい読み方

日本の自動車市場では相変わらずミニバンやスポーティーなＳＵＶが人気だ。それに比べるとセダンはすっかり不人気な車種となり、街で見かけることも少なくなってきた。

ところが、２０１７年に各自動車メーカーから発売された車をボディタイプ別に見てみると、意外とセダンが多い。

たとえば、ホンダのシビックセダンやトヨタのカムリ、カローラアクシオなど、昭和生まれの世代にとっては懐かしい名前が並ぶ。

これは、車に興味を持たなくなったといわれている若者によるレトロ回帰なのかと思うとそうではない。かつての人気を知っている高齢者がターゲットになっているようなのだ。

社会全体が右肩上がりだった頃の若者にとって、マイカーを手に入れることは憧れであり一種のステイタスだった。そして、その時代のマイカーといえば断然セダンだった。

その時代を知る高齢者にもう一度、あの頃のワクワク感を味わってもらいたい――。それがセダン再投入の狙いなのである。

また、ミニバンなどと違ってセダンにはたくさんの荷物は載せられないが、乗員空間と荷室空間がきっちりと分かれているところに品格があるという点も、若者向けの車と一線を画するアピールポイントになりそうだ。

ただ、今時のアクティブシニアは思った以上に感覚が若い。果たして、メーカーの思惑通りに往年の人気が復活するかどうかは未知数である。

セレブ御用達の家庭教師が1千万円プレーヤーになる秘訣

少子化の影響で年々経営が厳しくなる塾業界だが、そんななかにあってウハウハの人がいる。

セレブの子供たち（小中学生）を専門に教える家庭教師だ。彼らの年収は軽く1千万円を超えるというからオドロキだ。

たとえば、東京都内で教えている50代のプロ家庭教師は、土日ともなると朝の8時からスタートして夜の10時、11時まで5～6コマ（1コマは90分から120分）をこなすという。

移動は基本的に電車で、移動中はスマホに次の授業の予約がひっきりなしに入ってくるため、チェックが欠かせないという。

時間給は2000～5000円が相場で、その日の交通費を含めて〝取っ払い〟がほとんどなのだが、担当する生徒が一次志望校に合格した際のご祝儀は、1本（100万円）を下らないというからスゴイ。

そんなセレブ専門の彼らにいわせると、1千万円プレーヤーになる秘訣は、まず子供に好かれることだという。一般論ではあるが、お金持ちの子供の多くは、甘やかされて育っているため、先生に対しても〝上から目線〟でくる。タメ口などは何とも思っていない節があるという。

しかし、親は少しでも一流の中学や高校に行かせたいため、高い授業料を払って現役の東大生や一流大学生に家庭教師を依頼するのだが、彼らは3日と持たず次々とやめていくというのだ。

彼らもまたプライドがあるので、傍若無人の振舞いをする子供を目の前にして「もう、やってられない」となるらしい。

そこで、人生経験の豊かな老練の家庭教師が生徒と一緒になって彼らの目線で教えるのである。

罵倒されたり、バカにされたりすることもしばしばだが、そこは、高額な報酬を得ているためにまったく気にならない。

大切なのは、勉強のしかたや問題の考え方を噛んで含めるように教えることだという。

集中力に欠ける子供の場合、授業の半分は雑談で、気楽に、友だちのように話せる先生に徹することだというのだ。

つまり、生徒にとって話のわかる、自分の味方になってくれる先生を演じることと、母親を味方につけることができれば1千万円プレーヤーも夢ではないのである。

近ごろ、医療費の支払いに「カード払い」が増えているワケ

毎年、確定申告の時期になると医療費控除の還付申告に四苦八苦している人も多いと思うが、医療費をカード払いにするとお得なことがあるというのをご存じだろうか。

最近、大学病院や地域の中核病院、開業医の中でも大きな医療機関ではクレジットカードが使えるようになっている。それも、銀行やコンビニにあるようなＡＴＭでの支払いができるのだ。

ということは、物を買ったり飲食をするのと同じようにポイントが付いて貯まるのである。しかも現金を持ち歩く必要がなく、特に金額が予想できない診察代をカードで支払えるのは便利である。

病院側にしても支払業務に人員を割く必要もなく、コストカットという点でも今後、カード払いを導入する医療機関は増えていくと予想されている。

もうひとつのお得な点とは、高額な医療を支払う時や手術をした場合、カードで払おうとすると利用限度額を超える場合がある。

そんな時には、カード会社によっても異なるが、サポートセンターなどに連絡をして利用限度額を増額してもらうこともできるのだ。

ちなみに、薬局やドラッグストアでもクレジットカードが使えるところが増えている。カード決済は、医療機関、患者ともにメリットが多いのである。

日本の天気予報のカナメは「9代目スパコン」

今や人々の生活に欠かせないのが天気予報である。

毎日の天気や気温、降水確率はもちろん、台風などの災害時には特に重要な情報をもたらしてくれるが、その源になっているのは1959年に初めて気象庁に導入された大型電子計算機、すなわちスーパーコンピューター（スパコン）だ。

このスパコンに、「アメダス」や「気象衛星ひまわり」のデータが送られることによって、雨量や風速、気温といった気象関連の数値データを予測することが可能になる。

初代はアメリカ製だったが2代目以降はずっと国産で、更新される度に速さと正確性が増しており、現在は２０１２年に導入された9代目が活躍している。

この9代目の性能は高く、計算速度は従来のスパコンの約30倍で、１秒間に８４７兆回もの計算が可能になった。

といっても素人にはピンとこない数字だが、とにもかくにもこの驚異的な計算力のおかげで難しいとされているゲリラ豪雨の予測なども劇的に正確性がアップしたといわれているのだ。

更新はだいたい5〜9年ごとなので、早ければそろそろ10代目導入のニュースがあるかもしれないが、いずれにせよ近年の世界的な異常気象で気象予測の果たす役割は大きいだろう。

ちなみに、このスパコンは大手町の気象庁ではなく、同じ東京都の清瀬市にある「気象衛星センター」に設置されている。

いまさら聞けない「連帯保証人」のウソのような話

かつては賃貸物件に入居する際に「連帯保証人」をつけるのが一般的だったが、近年はそれにかわって、「保証会社」に加入するという条件をつけている物件が多くなってきた。

保証会社が利用されるようになったのは、外国人や身寄りのない人など連帯保証人を立てるのが難しい人が増えてきたことが背景にある。

しかし、現在では保証会社への加入が必要なうえ、さらに連帯保証人も立てることを条件にする物件が増加している。

保証会社は連帯保証人がいない人のためのシステムだったはずなのに、これはどういうことなのだろうか。

理由のひとつは、家賃を支払わない悪質な借り主が増えているからだ。家賃が滞納されて連帯保証人に連絡をしても「本人が支払うべきだ。私は知らない」と取り合ってくれなかったり、連帯保証人に連絡がつかなかったりするケースも多い。

あてにならない連帯保証人が増えているので、大家としては保証会社への加入を入居の条件にするほうが安心なのだが、一方で大手といわれる保証会社が相次いで倒産するような時代になっている。

そこで、保証会社だけではやはり不安ということになり、保証会社への加入も連帯保証人も両方が必要という条件をつけているのだ。

何カ月も平気で家賃を滞納するようなモラルの低い借り主が増えていることで、大家さんも保証会社も四苦八苦しているのである。

「首相」と「総理」は、どこがどう違う？

２０１７年11月に第４次安倍内閣を発足させた安倍晋三首相は、戦後就任した中でも２０１７年末の時点で在任期間が第３位となっており、「安倍一強」ともいわれている。

首相ともなれば、毎日のようにテレビや新聞のニュースに登場するのだが、その際使われている呼称には「安倍首相」と「安倍総理大臣」という2種類がある。首相と総理大臣にはきちんとした使い分けがあるのだ。

じつは、総理大臣という名称は日本独特のものなのである。

日本国憲法では「内閣総理大臣」というのが正式名称となっているのだが、大臣という役職名はかつて朝廷から授かっていた称号で、「右大臣」「左大臣」などにも使われていた。

国際的にはprime ministerであり、首相という呼称が充てられている。そのため、国会答弁や内閣改造などの記事では「総理大臣」、それ以外のニュースなどでは「首相」と呼ばれるのだ。

「ラジオ体操」は、アメリカからの輸入だった⁉

夏休みの朝、子ども会や町内会で行われているラジオ体操に参加してスタンプをもらっていた経験がある人は多いだろう。

老いも若きもいっせいに体操をするのは、いかにも日本的な運動にも思えるが、じつはそのルーツはアメリカにある。

ラジオ体操を始めたのは、アメリカのメトロポリタン保険会社だ。

１９２５年当時、アメリカでは健康やダイエットに高い関心が集まっていた。そこで、ラジオで「メトロポリタンライフ　ヘルスエクササイズ」という健康体操を行い、番組の最後に宣伝を挟み込むスタイルの番組を始めたのだ。

この番組は大ヒットし、最盛期で４００万人のリスナーがいたという。

アメリカを視察に訪れた逓信省簡易保険局の職員がこれに注目し、日本でも取り入れられたのが「ラジオ体操」なのである。

１９２８年に東京中央放送局でラジオ体操放送が開始され、１９３１年にはおなじみの「ラジオ体操の歌」も発表されている。ラジオ体操は日本の朝の風景として庶民の間に根づいていったのである。

どうして、新聞の休刊日は各紙同じ日なのか

日本新聞協会の発表によると、２０１７年の新聞発行部数は５１８２万９０００部で、２０００年の７１８９万６０００部から17年で２０００万部近くも減少している。

この数字からもわかるとおり、日本人の新聞離れは顕著で、もはや歯止めがかからない状態といえるだろう。

しかし、「朝は新聞がないと始まらない」という人も根強くいるわけで、新聞が主要なメディアである状況は変わっていない。

新聞は基本的に毎日発行されるものだが、おおむね月に１日程度の休刊日が設けられている。

休みの日程は各新聞社とも足並みを揃えており、スポーツ紙などを除けば一般紙は発行されていないのだ。

各社がいっせいに休刊するのは、販売店に対する配慮だという。大人数の社員を抱える新聞社とは違い、新聞を配達する販売店は少人数で回しているところがほとんどだ。

交代で休みを取るにも限界があり、休日を思うように取れないのが現実なのである。

しかも、販売店の中には何種類もの新聞を扱うところもあり、どこか1紙でも発行されていると休日を返上して配達しなければならなくなる。

そこで、新聞各社は休刊日を揃えることで販売店の休日の確保に協力しているのだという。

近年、死装束が派手になってきたワケ

ＴＰＯに気を配るのは大人の常識だが、なかでも冠婚葬祭に関してはタブーも多いので気をつけなければならない。

特に葬儀の場合は、服装は全身黒と白で、女性のアクセサリーはパールのネックレスのみ、靴や鞄もエナメルなどの光る素材を避け、派手なメークもふさわしくないとされる。

そして、もちろん死者が旅立つための支度も仏教なら白い経帷子（きょうかたびら）に白足袋、笠に杖と決まっている。

ところが最近、亡くなった人に着せる死装束がかなり変わってきているのだ。

その名もエンディングドレスや終活ドレスといい、白い着物ではなく薄いピンクやブルーのドレスなどもあり、フリルがついていたりしてかなり華やかになっている。従来のタブーが破られつつあるのだ。

その背景にあるのが、家族葬の増加だ。家族葬は親戚や友人、会社関係者など大勢の参列者を呼ばず、身内だけで執り行う小規模な葬儀である。

家族の最期を見送るのが気心の知れた身内だけなら、世間の常識にとらわれなくても後ろ指を差されることはない。

そのため、長らく闘病していた家族などには、最期くらいはきれいな格好で…という気持ちからこのようなドレスの需要が増えてきているのである。

もちろん、ドレスは生前に自分で気に入ったものを選んで予約しておくこともできる。エンディングドレスに始まり、今後は遺影や棺桶の色、デザインまでバラエティ豊かになっていくのかもしれない。

入所待機者50万人でも、「特養」に空きベッドの不思議

世界でもまれにみる高齢化が進んでいる日本では、老人ホームは入所待ちの状態が続いている。

身体が不自由になり、自宅で暮らすのが難しくなっても、入所までに何年も待たなくてはならないのだ。

ところが、そんななかでも空きベッドが増えている施設があるという。それは、いわゆる特養、特別養護老人ホームだ。

厚生労働省が民間に委託して実施した調査では、4分の1以上の特養に空きベッドがあることがわかったのだ。

なぜそんなことが起きているのか。その背景にあるのは、介護保険制度の改正と深刻な人手不足だ。

２０１３年に改正された介護保険制度で、特養の入所条件が変更された。それまでは要介護１以上の人でも入所できたのだが、改正後は要介護３以上になった。

要介護３というのは、立ち上がりや歩行がひとりではできず、着替えや入浴、排せつにも介護が必要な状態だ。つまり、入所が狭き門になってしまったのだ。

とはいえ、高齢者が増えているのだから入所希望者が減ることはない。

しかし、社会問題にもなっているように、施設では介護スタッフが常に不足している。

そこへ日常的な介護が必要な入所者ばかりになったため、満床になると職員の手が回らなくなってしまうのだ。

施設側としては、空きベッドを埋めれば国からの介護報酬も増えるし、入所待ちも減らすことができる。しかし、慢性的に人手が足りないからこれ以上、受け入れることはできないのだ。

ベッドが空く特養は今、そんな深刻なジレンマに陥っているのである。

なぜわざわざ「姻族関係終了届」を出す人が増えている？

雑誌の特集などでは家の中にある不要なものを整理してすっきりと暮らすことが提唱されたりするが、最近ではそれが人間関係にまで及んでいるという。

その一環かどうかはわからないが、最近「姻族関係終了届」を役所に提出する人が増えているようだ。

姻族関係とは、婚姻と同時に結ばれる配偶者の親や兄弟姉妹など三親等内の親族との関係のことで、離婚しない限り継続していく。たとえ夫に先立たれたとしても、その家族との関係は続いていくのだ。

しかし、配偶者の死をきっかけに自由になりたいと思う人もいる。義父母とうまくいっていないような場合なら、なおさらパートナーが亡くなった後もその家に縛られたくないと思うだろう。

そんなしがらみを誰にも知られることなく、断ち切ることができるのが姻族関係終了届なのである。

届けを出してしまえば、義父母や義兄弟と同居していても扶養義務を負う必要がなく、自分の子供の戸籍や相続にも何ら影響はない。

しかも、届けを出したことが身内に通知されることもないので、密かにその関係を断ち切ることができるのだ。

夫亡き後に、ひとりで配偶者の家族に対する義務を背負わなければならないというプレッシャーから解放される切り札なのである。

近ごろ、「献体」希望者が増えているのはなぜ？

ここ数年、日本人の「死」に対する考え方は大きく変化している。家族葬や直葬で葬儀を簡素にしたり、海や樹木への自然葬を希望する人もいまでは珍しくなくなってきた。

そして、ここへきてまったく別の「遺体の行く先」が注目されている。それは医学関係の研究機関だ。

じつは、最近自らの死後、献体を望んでいる人が増えているという。

大学や研究所などの医療機関では、医療現場のスキルの向上や人体の研究のために死体を使った実習が行われている。つまり、その現場に自らの死体を差し出したいという人が急増しているのだ。

献体そのものは無報酬だが霊柩車や火葬の費用は不要になるし、葬儀費用がかからなければ周囲に迷惑をかけることもない。

何より、死んでなお人の役に立てるという社会的意義もあって、特に東日本大震災以降、希望者が増えているというのだ。

そう聞くとけっして悪い傾向ではないようにも思えるが、その裏で別の問題も浮上している。

献体した後、原則として遺骨は遺族に返されるが、引き取る家族がいないなどの理由で研究機関の納骨堂に納めざるを得ない遺骨が急増しており、現場は納骨堂のスペースの確保に四苦八苦しているというのだ。

そのため、応募過多で受付を停止している大学もちらほら出てきている。結局はここでも〝お墓の問題〟にぶち当たるというわけだ。

「成型肉」かどうかを見分けるには、コツがいる

「空腹を満たすには魚より肉！」という肉食派にとって、安価なチェーンの定食屋などは強い味方だが、うまいうまいと頬張る前に知っておきたいことがある。それは成型肉の存在について、である。

外食で出てくる肉には、ふつうの肉と成型肉の2種がある。

成型肉は、肉のさまざまな部位をかき集めて植物性たん白や着色料などの添加物を投入、型に入れて固めたものである。

スーパーの精肉売り場ではサイコロステーキという名でよく見かけたりするが、比較的価格の安い外食の店では当たり前のように使用されていると思って間違いない。

もちろん、体に害があるわけではないが、一見ロースのとんかつに見えてもじつは口にしているのはロースではない可能性が高いのだ。

成型肉かどうかを確認するには、肉を切って断面を見てみることだ。ふつうは繊維が一方向になっているが、部位を結着してつくる成型肉は繊維の方向がバラバラになっているはずである。

自分はともかく、子供には安全なものを食べさせたいと思うのが親心。食にまつわる知識のひとつとして覚えておこう。

2 ビジネスには表もあり、ウラもあり

「引っ越し契約」のドタキャン対策に国が乗り出した！

引っ越し費用を見積もる比較サイトで業者を探して、見積もりも契約もスマホでポチッ。そんな利用者にとっての気軽さが企業の首を絞めている。

インターネットで簡単に見積もりや契約ができるようになってから、ギリギリになってドタキャンされるケースが増えているのだ。

電話で引っ越し業者の担当者と話をしながら直に契約を結ぶと、契約した相手がいることを意識してかキャンセルしづらいという心理が働くが、ネットだと人間相手という意識が薄くなる。

そのため、直前にさらにいい業者が見つかると客は新たにそっちと契約してしまい、先に契約していた業者はすでにトラックやアルバイトの手配がすんでいるにもかかわらず、突然キャンセルされてしまうことになるのだ。

そこで、国土交通省は現在20パーセント以内と定めている引っ越し当日の解約料の上限を50パーセント以内にまで大幅に引き上げる方針だ。

引っ越し業は国土交通省の「引越運送約款」などでルールが決められていて、基礎運賃や基礎作業料金もそのルールに従わなければならない。

当日のキャンセルを減らしたいからといって、業者が勝手に解約料を引き上げたりすることもできない。だから、国が対策に乗り出したというわけだ。

ただ、引っ越し業のように国が対策に乗り出してくれる業界はいいが、同じようにドタキャン被害に悩まされている飲食店などは店主の判断で損害を防ぐほかないのが現状だ。

ネット予約や契約をする際には、その画面の向こうに日夜働いている人たちがいることをもっと意識したいものである。

銀行のカウンターの内側にあるデスクの配列のナゾ

銀行の店舗のレイアウトというと、入り口を入るとロビーとカウンターがあり、その向こう側に行員の事務スペースがあるというのが一般的だろう。

そして、その事務机は3列に並んでいてすべてカウンターのほうを向いていたりする。じつは、この並びにはちゃんとした意味があるのだ。

よく、銀行員は1円でも勘定が合わなければ自宅に帰れないといわれるように、顧客のお金を預かる仕事であるがゆえに書類が複雑で確認事項も多い。

そこで、カウンターを担当するテラー（窓口係）が処理した書類を後方の事務員がダブルチェック、トリプルチェックしているのだ。

人間なのだから必ずミスは起きる。だからこそのチェック体制だといえるだろう。

しかし、もしかすると今後数年のうちにこのような店舗のレイアウトは様変わりしてしまうかもしれない。なぜなら、キャッシュレス化の波が日本にも押し寄せようとしているからだ。

２０１７年現在、日本は世界の先進国に比べて支払いに現金を使用する人が多く、決済全体の65パーセントにのぼる。

だが、アメリカは20パーセント程度、世界で最もキャッシュレス化が進んでいるスウェーデンでは数パーセントしか現金は動いておらず、電子マネーやカードでの支払いが一般的になっている。「現金お断り」という店も増えているくらいだ。

この流れが日本にも到達するのは時間の問題で、一部のコンビニではスマホのアプリで入店してセルフで会計をする無人店舗の構想も始まっている。

そうなってくると、わざわざ銀行に行って現金を下ろす必要がなくなり、銀行でやり取りされる現金の量も劇的に減ることになる。限られた人数で店舗を運営していくことができるようになるのだ。

今後は、銀行そのものの劇的な変化によって、大きな時代の転換を目の当たりにすることになるのかもしれない。

猛暑になるとダンボール業界が儲かるってホント？

季節に関係なく、地球温暖化の影響とみられる異常気象が続いている。なかでも特に肌感覚で実感するのが夏の猛暑だ。

北海道が沖縄よりも暑い日があったり、最高気温が40度に届く日があることも珍しいことではなくなった。そうなってくると、売れ行きがよくなるのが清涼飲料水やビール、そしてエアコンだ。

清涼飲料水の市場はじわじわと拡大していて、2015年には市場規模が5兆円を超えた。

また、エアコンも猛暑になると予想されると買い替え需要が増えるため、購入してから取りつけまでにかなり待たなくてはならなくなる。

猛暑はイヤだが、厳しい暑さが消費をけん引することはたしかで、7～9月の平均気温が1度上がるだけで家計の消費支出は3000億円以上プラスになるというデータもある。

だが、猛暑の恩恵を受けるのは清涼飲料水メーカーや家電メーカーだけではない。じつは、ダンボールの販売量も確実に伸びているのだ。

家電やペットボトル飲料を出荷するためには、ダンボールが欠かせないのだから当然といえば当然だが、一般には意外と知られていない事実である。

猛暑の予想が出たらダンボールのみならず、アルミ缶などの製造企業への投資が狙い目なのかもしれない。

不動産屋さんが「一見さん」を大歓迎するワケ

ネットショッピングも当たり前になった今、客商売はどれだけリピーターを増やせるかがカギになる。

そんななか、まったく逆の思考で商売せざるを得ない業種がある。それが不動産業だ。

不動産業者が取り扱うものは、土地や一戸建て、マンションといった不動産で、よほどの大金持ちでもない限り、それらの売り買いを依頼することは人生で1度かせいぜい2度くらいである。

つまり、不動産会社にとってほとんどの客は「一見さん」なのだ。まれに「○○さんの紹介で…」などと来る客もいるが、だからといって過度に優遇したりはしない。ほぼ間違いなく2度目はないからである。

だが今は、必要以上に物件を安く買いたたくなど、あくどい商売をすれば口コミがネットに流れ、あっという間に悪評は広まってしまう。いくらリピート買いがないからといって、あからさまに悪質な商売もしていられないのだ。

それでも、どうせ一度きりだからと客を甘く見る不動産会社もまだまだいる。そういう業者に騙されないためには、少なくとも2軒か3軒か回って、自分の売りたい（買いたい）物件の相場をリサーチしてみることだ。

薄毛の再生医療がなかなか実用化されないのはなぜ？

薄毛の歴史は長い。

古くは紀元前の古代ギリシャでアリストテレスやヒポクラテスも薄毛に悩み、さまざまな根拠のない治療に飛びついたとか。

しかし、21世紀になって光明が差し込んできた。２０１２年にノーベル生理学・医学賞をとった京都大学の山中伸弥教授によってｉＰＳ細胞による再生医療が確立され、それが発毛技術にも生かせるというのだ。

毛髪が残っている後頭部の頭皮から毛髪細胞を採取して培養し、再び頭皮に注入すれば髪の毛が再生するという。

しかし、マウスでは成功したというが、実際に薄毛に悩む人からその喜びの声は届いてこない。

それには、臨床研究に時間がかかるという理由があるらしい。世界に名だたる国内メーカーも毛髪の再生医療に取り組んでいるが、臨床研究の段階で時間がかかっている。

かなりのハイスピードで実用化を目指していたある毛髪関連企業では、事業そのものがストップしてしまっているくらいだ。

また、実用化されても培養に時間がかかるといわれている。

後頭部の頭皮から取った毛髪細胞は100万個になるまで培養するのだが、それに3カ月を要するというのだ。即効性を望む人には長すぎるうえ、治療とはいえ自由診療のために数百万円の費用を覚悟する必要があるという。

薄毛の再生治療は、すぐそばにあって手が届きそうなのになかなかそうならないじれったい夢の技術なのである。

醤油の種類に見え隠れする「回転寿司店」の思惑とは？

今や戦国時代ともいわれている回転寿司業界では、大手チェーンをはじめとした各店が熾烈な競争を続けている。

奇抜なメニューを取り入れたり、食べ放題を始めてみたり、麺類やデザートなど寿司以外のサイドメニューで勝負してみたりと、客を取り込むためのさまざまなサービスも次々と取り入れられている。

そうしたサービスのひとつともいえるのが、回転寿司店の醤油の種類の豊富さだ。通常の寿司店では醤油さしはひとつしか置いていないが、回転寿司では通常の醤油のほかに特製のだし醤油やポン酢しょうゆ、特製の寿司用ドレッシングなども置いてある店がある。

客がネタに合わせてお好みの醤油を使えるようにという心遣いだが、このサービスにはもうひとつ、店側の営業戦略も隠されている。

それは、握ってから時間の経った寿司でも美味しく食べさせようという戦略だ。握ってすぐに客の口に入る通常の寿司店のネタとは違い、回転寿司のネタはレーンを何周かしてから客の口に入ることもある。

そのため、時間が経って鮮度や旨さが落ちた寿司を美味しく食べさせるには、アミノ酸などの調味料を入れた味つけの濃い醤油や、酸味のあるポン酢しょうゆなどで刺身の味を引き立たせる必要があるのだ。

鮮度が落ちた寿司でも濃い醤油で味つけすれば、思わず食が進んで皿もどんどん積み上げられるというわけである。

そもそも画廊はどうやって生計を立てている？

街中には、「いったいどうやって生計を立てているのか」とふと疑問が湧く店があるが、一等地に立つ画廊もそのひとつといえるだろう。

たまに絵画を眺めている客がいる程度で、失礼ながら家賃を賄えるほど繁盛しているようには見えないところがほとんどだ。

じつは、画廊は絵を売るのが一番の目的ではないのだという。絵画に限らず美術品というのは、店頭販売ではなく外商での取引がメインとなる。画廊は本来ならば店舗を持つ必要はないのだ。

しかし、「銀座にショールームを持っている」といえば、店の格が上がるのは間違いない。

つまり、利益を上げるためではなく、店のブランディングのために店舗を開いているので、そこで絵が売れなくてもいいのである。

ブラックリストが他人事ではなくなる話

クレジットカードが「ブラックカード」ならセレブの証明だが、これがブラックリストとなれば話は違ってくる。いわゆる支払いの延滞が続くと載ってしまうという事故扱いのリストだが、じつは「ブラックリスト」という名前のものは存在しない。

　クレジットカードの支払いがおよそ3カ月滞ると、信用情報機関に「事故情報」が登録される。これが一般にいわれるブラックリストに載った状態ということなのだ。

　この事故情報が載ると、新規のクレジットカードをつくることはできないし、ローンなども組めなくなる。仮に支払いを済ませても、一定の期間が過ぎなければ事故情報は消えないのだ。

　信用情報機関によって異なるが、その期間はだいたい5〜10年となっており、影響は長期間に及ぶのである。

　ちなみに近年増えているのが、スマートフォンの料金の未払いによる事故情報だという。

　スマホの利用料金自体は延滞してもスマホの利用ができなくなるだけだが、注意が必要なのは機種の代金を分割して払っている場合だ。これは「ローンの延滞」になるために〝事故扱い〟になってしまうのだ。

「ついうっかり」の影響はあまりにも大きい。支払いは毎回確実に済ませないと後悔することになるだろう。

マンション購入で失敗する人が見逃す意外なポイント

マイホームにマンションを選ぶ人は多いが、その際の重要なチェックポイントといえば「立地」「築年数」「価格」といったところだろう。

だが、その3つさえ気にすればいいというものではない。将来のマンションの価値を考え、絶対に見落としてはならない項目として「修繕積立金」がある。

修繕積立金は、外壁やエレベータといった共用部分の修繕費用を住民たちで出し合って積み立てる予算のことだ。

だが、なかには住民がこれを出し渋って未収金がかさんでいる物件もある。そうなれば、修繕時期になっても予算がないために後回しになり、マンション自体の価値も下がってしまうというわけだ。

これを見極めるには、契約前の「重要事項説明書」をしっかりとチェックすることである。そこには、マンションの資産状況が必ず記されており、積立金の総額も記載されているのだ。

たとえば積立金が同じ1億円でも、１００世帯なら優良、50世帯なら超優良、だが、これが７００世帯が入るマンモスマンションならちょっと危ない物件になるというわけだ。

未収金世帯が1軒や2軒あるのは珍しくないが、世帯数に対してあまりに積立金の総額が少ない物件は避けたほうが賢明だ。心配な場合は、購入前に不動産業者なり専門家なりに相談するのが無難だろう。

外から見えない不動産取引のビジネスモデルの秘密

土地やマンションといった不動産は誰にとっても大きな財産だが、いざ売買となれば、どうしても業者任せにせざるを得ない。それゆえ、業界では売主や買主の知らないところでさまざまな駆け引きが行われている。

たとえば、客からマンションの売却を依頼された場合、不動産会社はその物件の情報を指定流通機構「レインズ」に登録するのがふつうだ（一部例外を除く）。そうすると、その物件情報がレインズのネットワークシステムに公開され、同業者が検索して引き出せるようになる。

だから、「A不動産に販売を依頼したマンションを、隣町のBハウジングに来た客が買う」などというケースがごく当たり前に発生するのである。

だが、不動産会社にしてみれば、売る側、買う側、両方の客から仲介手数料をゲットする、いわゆる「両手取引」ができればそれだけ儲けも大きい。

そのため、物件情報をあえて登録しなかったり、あるいは登録はしても同業から問い合わせがあった時に「その物件はただいま契約待ちのお客様がいます」などと言ってその物件を〝囲い込む〟こともあるのだ。

本来、業者はレインズへの登録を客に報告しなくてはならない決まりがあるため、登録自体を行わないケースはさすがに減っているが、登録後の物件をどのように扱かっているかまではわからない。

レインズは両手取引を狙う〝囲い込み〟は禁じているが、取り締まりのしようがないというのが現実だ。

こうなると素人にはなおさら警戒のしようがないが、自分でも最低限の知識を持って、少なくとも業者に任せっぱなしにしないことである。

CAが毎年苦しめられる地獄の「エマ訓」とは？

飛行機で機内サービスをする客室乗務員、いわゆるＣＡ（キャビンアテンダント）は女性に根強い人気を誇る職種である。

かつてほど労働条件がよくはないものの、国内外を飛び回る華やかなイメージとＣＡというネームバリューはいまだ健在だ。

しかし、憧れだけでは務まらないのがＣＡの仕事である。語学力をはじめ高い能力が必要なことはもちろん、不規則な勤務や立ちっぱなしのフライトなど体力もないとやっていけない。

見かけよりもかなり根性がいる仕事だが、そんな努力家のＣＡですら毎年、音をあげるのが「エマ訓」と呼ばれる訓練である。

エマ訓とは「エマージェンシー訓練」の略で、緊急時の訓練のことだ。機内で火災が発生したり、ハイジャックが起きたり、急病人が発生したりという事態を想定し、モックアップと呼ばれる訓練用の模型飛行機を使った保安訓練と筆記試験を行う。

そのどちらも合格しないと乗務停止になるため、新人に限らず誰もが寝る間を惜しんで猛勉強することになる。しかも、合格できるまでは何度もトライしなくてはならない。

緊急時の知識を総ざらいしなくてはならず、飛行機事故などを想定したシミュレーションは実践さながらで、人工呼吸やAEDの操作などの訓練も実施される。厳しい教官のもとで声の大きさなど細かい対処までチェックされ、プレッシャーは相当なものだ。

そうして訓練が終わる頃には心身ともにくたくたになってしまうのだが、どんなベテランCAでも1年に1回は必ず受けなくてはいけない。エマ訓の時期が近づくと毎年憂鬱になるCAが続出するというのもうなずける話だ。

客としては、こうした過酷な試練を乗り越えたＣＡが搭乗してくれることで、安心してフライトを楽しめるというわけだ。

自動車のスピードメーターはなぜ時速１８０キロ設定？

日本では一般道で時速60キロ、高速道路で時速１００キロと自動車の法定速度が決まっている。

もちろん、この法定速度をオーバーすればスピード違反で捕まることになる。だが、それにもかかわらず国産自動車のスピードメーターの目盛が１８０キロまであるのはどうしてなのだろうか。日本でそんなスピードを出してはいけないのにムダではないだろうか。

じつは、日本自動車工業会に参加している国内自動車メーカーの自主規制により、国産自動車のスピードメーターは時速１８０キロと規定されているのだ。

時速１８０キロとした根拠のひとつは、高速道路を走行している際に勾配のきつい上り坂を時速100キロで走るには、平地において時速180キロで走ることができる能力が必要だからだという。

また、前述したように高速道路の法定速度は100キロと決まっているものの、それ以上のスピードを出している車も少なくない。

スピードメーターが法定速度の時速100キロまでしか表示されなかった場合、それ以上の速度で運転している人はいったいどのくらいのスピードを出して走っているのかわからなくなってしまう恐れがある。

そこで180キロまでの表示があれば、スピードを出し過ぎているなと運転手も認識できることになるわけだ。

また、海外ではドイツのアウトバーンなど時速100キロ以上で走行できる国も多い。

海外で日本車を販売する際にできるだけ仕様を変えないようにするためなど、いくつかの事情で時速180キロまでの表示になっているのだ。

折れた野球バットは加工されてある人気商品に……

プロ野球の試合では、バッターが豪快に振った木製バットがボキッと折れてしまうシーンを見ることがある。

野球の人気が高い日本では、プロ野球や大学野球の公式戦だけでも1年間に10万本以上の木製バットが使用されているという。もちろん折れるバットの数も相当な数にのぼる。

そこで、これらの折れたバットをそのまま捨ててしまってはもったいないということで、近年では箸メーカーによってそれぞれの球団のロゴを入れた箸にリサイクルされて販売されている。子どもはもとより、野球ファンの人気を集めているのだ。

しかも、箸の収益の一部はＮＰＯ法人「アオダモ資源育成の会」に寄付されるという仕組みになっている。

野球のバットの原材料となるアオダモは、モクセイ科の温帯性広葉樹である。北海道産のアオダモはバットの原材料として最良なのだが、成長が遅く成木から数本のバットしかつくれない。良質な木製バットを安定供給するにはこのアオダモの植林活動が重要だからだ。

現在は箸だけでなく、箸置きや木製ボールペンなどにもリサイクルされシリーズ化されている。

折れたバットはその使命を終えたあとでもその姿を変えて、アオダモの育成活動と日本野球の未来を支えるために役立っているのである。

瓶入りのコーヒーやラムネを大企業がつくれない理由

ビー玉を栓にした独特のフォルムをしているビン入りのラムネは、駄菓子店やお祭りの屋台などで売られている定番アイテムだ。子どもの頃を思い出して懐かしくなる人もいるだろう。

ところで、このラムネは大企業では製造することができない。製造できるのは中小企業だけと相場が決まっているのだ。

じつは、これは「分野調整法」という法律で定められたことなのだ。中小企業の事業活動を保護するために、特定の分野において大企業はその市場に参入するのを控えるようにという法律である。

ラムネだけではなく、銭湯や温泉などでお馴染みの瓶入りのコーヒー飲料もこの法律のおかげで大企業は参入することができない。

そのほか、シャンパン風密栓炭酸飲料のいわゆるシャンメリーや、駄菓子屋などで売られている棒状のポリエチレン製容器に入った清涼飲料、ハイサワーやホッピーなどの焼酎割り用の飲料も分野調整法で指定されている。

また、日本の食生活には昔から欠かせない豆腐も大企業は製造できない分野のひとつである。

これらの分野は中小企業が多いため、大企業が進出して経営に悪影響を受けないように守られているわけだ。

手を挙げてもタクシーがとまってくれない裏事情

タクシーを拾おうとして手を挙げているのに、通りかかったタクシーにスルーされてしまったという経験はないだろうか。もしかすると、そのタクシーは区域外営業で乗せられなかったのかもしれない。

タクシーにはそれぞれ「営業区域」があり、営業できる範囲が決まっている。

①区域内で客を乗降させる　②区域内で客を乗せて区域外で降ろす　③区域外で客を乗せて区域内で降ろす、ということはできるが、区域外で客を乗せて区域外で降ろすのは道路運送法の法令違反となる。

たとえば東京でいえば、東京23区に武蔵野市、三鷹市（武三地区）をプラスしたエリアを「東京都特別区・武三交通圏」といい、隣接する府中市や西東京市、立川市などの「北多摩交通圏」とでは営業区域が異なる。

東京都特別区・武三交通圏のタクシーが東京23区内から立川市まで客を乗せ、帰路に立川市から東京23区まで客を乗せることはできる。しかし、帰路に立川市から西東京市まで客を乗せると区域外営業で違反となってしまうのである。

つまり、区域外で客を降ろしたあとは自分の区域内で降車したいという客しか乗せられないわけだ。そのことを客にいちいち説明するのが面倒だと感じる運転手は、路上で手を挙げている客がいても知らんぷりしてスルーしてしまうこともあるのだ。

ちなみに、「回送」の表示にして区域外から区域内まで帰るタクシーもいる。だが、回送表示にしていいのは食事や休憩、給油、帰庫、修理・点検の時という決まりがあるため、基本的には空車の表示で区域外から区域内に戻らなくてはならないのである。

ＪＲが会社のロゴにあえて〝誤字〟を使う深いワケ

会社のロゴマークであれば正しい漢字を使うのは当然のことで、誤字があったら大変な問題になってしまう。ところが、あえて誤字を使っている会社があるというのだ。

ＪＲ東日本鉄道のロゴマークには、正式名称である東日本旅客鉄道の中の「鉄」の字が、金へんに「失う」という字ではなく、金へんに「矢」という字が使われている。

金を失うでは縁起が悪く、矢であれば目標に向かって真っすぐに飛んでいくというイメージが鉄道会社にピッタリというわけだ。東日本以外のＪＲ各社でも同じ文字が使われている。

じつは金へんに矢という漢字は、ＪＲのために創作されたというわけではなく実際に使われている。鏃（やじり、ぞく、そく）という字の略字として使われているのがそれだ。

正式名称の漢字をあえて使わないというのはなかなか面白いのだが、文字の持つイメージを考えると納得できる話ではあるだろう。

「ＥＤＷＩＮ」の社名は語呂合わせってどこまで本当？

ジーンズはもはや誰もが持っているといっても過言ではないほど、日本人のファッションとして浸透しているアイテムだ。

もともとは戦後、アメリカ軍の払い下げや中古品の輸入という形で日本に入ってきた。そんななか、日本人のための良質のジーンズを作ろうという思いから生まれたのが現在でも人気の「ＥＤＷＩＮ」である。

ところでＥＤＷＩＮの文字をよく見てみると、アナグラムになっているのに気づくだろうか。これはＤＥＮＩＭの文字を並べ替えて、さらにＭの字を逆さにしているものなのだ。さらに「江戸ウィン」、つまり江戸で勝つという意味も込められているのだという。

シャレのような誕生エピソードがあるＥＤＷＩＮだが、日本ではアメリカのリーバイスやリーなどと肩を並べるジーンズのメジャーブランドになっているのはご存じの通りである。

「キューピー」の「ユ」は、実は大文字だった！

マヨネーズのトップブランドといえば、真っ先に上がるのがキユーピーだろう。卵の黄身だけを使ったこだわりの製法で、日本の食卓に欠かせない調味料のひとつになっている。

そのキユーピーのロゴマークを見ると、面白いことに気づく。キユーピーの小さい「ユ」の文字が大文字で表記されているのだ。

少々レトロ感が漂よう文字遣いは、創業当初の仮名遣いのままだからというわけではない。ユが小文字だと横書きの場合に全体のバランスが悪くなるというデザイン上の問題なのだ。

これによって、正式な社名がキユーピーなのにもかかわらず、表記がキユーピーという面白い現象が起きているのである。

ちなみに、「キヤノン」や「エドウイン」なども同じ大文字表記となっている。

「ビックカメラ」の「BIC」ってどういう意味？

ビックカメラといえば、家電量販店の最大手の一社だ。カタカナだとわかりにくいのだが、同社の店舗などに行くと看板には「BIC CAMERA」と表記されているのがわかる。BIGではなく、BICなのだ。

確かにカタカナ表記では「ビック」でありビッグではないのだが、何となく「BIG CAMERA」だと思い込んでいる人も多いだろう。

これは英語ではなく、バリ島のスラングなのだという。意味は「外身が大きいだけではなく、中身を伴った大きさ」というものだ。

このことを旅行中に聞いた創業者の新井隆司氏が社名に選んだそうで、「ただの大きな石ではなく、小さくても光り輝くダイヤモンドのような企業になりたい」という思いが込められている。

現在、コジマ電気やソフマップなどを子会社に持つビックカメラは、その名のとおりBICな企業になったといえるのである。

外科の経験がなくても「外科」の看板がだせる⁉

医者選びというのはなかなか難しいもので、頼りになるホームドクターと出会えるのは幸運といってもいいかもしれない。

体調不良ややけがなどで病院に行こうと思ったら、まず確認するのが「何科の医師がいるか」ということだろう。いくら自宅の近所にあっても、おなかが痛いのに眼科を受診する人はまずいないはずだ。

看板などに示されている診療科目のことを「標榜科目」というのだが、これを頼りに診察を受ける病院を決める人も多い。ところが、この標榜科目は医師免許さえ持っていれば、何を掲げてもいいというのが現在の制度なのだ。

つまり、外科の経験がまったくなくても、手続きをきちんと行っていれば看板に

「外科」と掲げることができる。

もちろん無用なトラブルを避ける意味でも、医師たちは自信のある診療科目を掲げていることがほとんどだと信じたいが、ちょっと驚く事実ではないだろうか。

無資格でも、外国人向けに観光ガイドができる⁉

訪日客が増加の一途をたどる昨今、需要が増しているのが「通訳案内士」である。

海外に行けば日本語のガイドつきの市内観光オプショナルツアーなどを申し込むことがあるが、日本ではたとえば東京の浅草や築地で日本文化を体験するツアーなどが人気で、それを英語やスペイン語、中国語といった各国の言葉を操るガイドが案内するということが多い。

日本ではこの通訳案内士は国家資格で、語学はもちろん文化、地理、歴史など、日本にまつわるあらゆることに詳しくなくてはならない。

資格を取得すれば、旅行関係のほかスポーツの国際競技会や国際的なイベントの主催者から依頼があったりするなど、幅広く仕事することができる。

ところが、通訳案内士は「有資格者のプロだけ」というのは、じつは２０１７年末までの話だ。

２０１８年１月から通訳案内士の法律は改正され、外国人の観光案内は無資格ガイドでも有償で仕事ができることになったのだ。

大手旅行会社の中には、登録制で無資格ガイドとツーリストのマッチングサービスに参入するところも出ている。

訪日旅行者数の拡大は、政府が声高に叫ぶ景気対策の一環でもある。２０２０年に東京五輪を控えていることもあり、こうした外国人向け観光ガイドのニーズはまだまだ増えそうだ。

「シャンシャン」誕生で注目された意外な銘柄

２０１７年末、東京・上野界隈はジャイアントパンダの「シャンシャン」の誕生で沸きに沸いた。

上野動物園では待望の赤ちゃん誕生とあって、その経済効果の大きさがしばしば話題になっているが、当然、そこに目をつけているのは投資家たちだ。では、いったいどのような銘柄が注目されたのだろうか。

まずは、動物園がある上野がらみの有名企業だ。二大老舗レストランである「精養軒」「東天紅」、さらに駅前に建つデパートの「丸井」「松坂屋」のほか、「JR東日本」「京成電鉄」「東京メトロ」なども見逃せない。

また、「スカイツリー」や「松屋」など、近隣の観光地で外国人観光客が爆発的に増えている浅草にも触手は伸びている。

意外なところでは、シャンシャンの動画をリアルタイム配信している「Jストリーム」だ。

SNSが当たり前になった今、動画の市場価値はバカにできない。上野に最初のパンダブームを巻き起こしたランラン・カンカンの時代にはなかったジャンルの注目株だろう。

ただし、シャンシャンはあっという間に大きくなるし、2年経てば中国に返還することも決まっているため、ブームはあくまで限定的だ。

とはいえ、近隣商店の関連アイテムは売れまくっており、２５０億円ともいわれた経済効果は４００億円にまで達するとの見方も出ている。

国家間の微妙な関係が影を落とす〝パンダ外交〟だが、日本にしてみれば、パンダがもたらす恩恵はやっぱりありがたいのである。

ＡＩの進化によって、会計士が人気職業になるカラクリ

スマホの音声アシスタントやＡＩスピーカーなど、人工知能（ＡＩ）が身近になってきた。それによって生活が便利になる反面、懸念されているのが「人間の仕事はどこまでＡＩに奪われるのか？」という問題だ。

そのなかでよく名前があがる職業が、会計や経理などの事務仕事だ。イギリスのオックスフォード大学のマイケル・オズボーン准教授が発表した「10年後に90パーセントの確率で消える職業」にもやはり名を連ねている。

会計士や経理係の仕事にとって代わるといわれているのが、ＡＩを生かしたクラウド型会計ソフトだ。

これを使えば各種の勘定科目などが自動で入力できるようになり、しかもパターンを学習すれば不正などのチェックもＡＩのほうが確実だという。３００人規模の企業の経理なら、人間は１人いれば十分だというのだ。

ところが日本よりも電子化が進んでいる国では、逆に会計士が不足しているという。ＡＩにできるのは単純処理やパターン化している作業で、それ以上は人間の領域になるということなのだ。

面倒で時間のかかる作業はＡＩに任せて業務指導や資金運用、コンサルティング業務に時間を費やす。会計士の働き方はＡＩとの共存型にシフトしているのである。

便利なテレビ会議が今ひとつ広まらないのはどうして？

ＩＴ企業のみならず、さまざまな企業でオンライン会議が行われるようになっている。インターネットの環境さえ整っていれば、世界中どこにいても会議室のモニターとテレビ電話でつないで会議に参加することができてとても便利だ。

また、わざわざ会議のためだけに会社に行く必要がなくなるので、在宅で仕事をするテレワーカーにもメリットは大きいだろうと思われていた。

ところが、実際にはオンライン会議はテレワーカーにはあまり歓迎されていないようなのだ。その理由のひとつが、「カメラ映り」だ。

オンライン会議では、パソコンやスマホに向かってしゃべっている自分の映像と音声が、会社の会議室のモニターに映し出される。

5インチのスマホで相手の顔を見ているのに、自分の顔は大画面いっぱいに映っていたりするのだ。

それを知ってしまうと、特に女性はオンライン会議への抵抗感が一気に高まる。せめていつも通りの顔に写っていてほしい…と緊張し、会議どころではなくなってしまうのだ。

SNS映えを気にする人が増えているこの世の中で、自分の映りをチェックすることができないテレビ会議はプレッシャーでしかないのである。

3

「食べ物」の裏側をお客は知らない

もし、海外で食べるピザがやけに美味しいと思ったら……

日本は美食大国といわれている。たしかに都市部にはファストフードから各国の料理店まであふれており、しかも、どれをとっても大きくハズすことはない。

だが、たとえばイタリアに行ってピザを食べた人はだいたい「さすが本場のピザは違うな！」と、いたく感心するに違いない。

もちろん、現地の気候風土や雰囲気でより美味しく感じるというのも理由のひとつだが、イタリアンに限っていえば決定的に日本とレベルが違う食材があるのだ。

それはチーズである。

我々が日本でふだん口にしているのはじつはチーズではなく、多くは「チーズフード」と呼ばれている別の食材だ。チーズフードとはチーズに乳化剤や香料を混ぜたもので、チーズが51パーセント入っていればＯＫとされている。

一説によれば、外食で出てくるチーズの９割はこのチーズフードで、よほど高級なこだわりのイタリア料理店にでも行かなければ本場の味には出会えないというわけだ。日本がそのほとんどを輸入に頼っていることを思えば、安価なチーズフードが中心になるのも無理はない。

スーパーで売られるサケのほとんどが「チリ産」なのは？

サケはたしか秋の魚だったはずだが…と、自分の認識すら怪しくなってしまうほど、季節を問わず鮮魚コーナーに並んでいるのがサケの切り身だ。しかも、そのほとんどが南米のチリ産のトラウトサーモンである。

そもそもサケといえば北半球に生息する魚だ。北海道などの川で生まれるとオホーツク海やアラスカ湾などの海を回遊して、十分に成長した段階で母川に戻って産卵して一生を終える。

そんなサケが南半球のチリで養殖されるようになったのには、じつは日本が大きく関わっている。

１９６９年に、１人のチリ人の水産技術者が水産庁の北海道サケマス孵化場に研修生として訪れた。それが縁で、チリでサケ養殖を成功させるための「日本／チリ・サケプロジェクト」が始まり、紆余曲折の末、海面養殖という技術を根づかせることに成功したのだ。

そして今では、チリはノルウェーと世界で１、２を争うほどのサケ輸出大国になった。そうして養殖に成功すると、今度は日本の商社が日本市場に養殖サケの売り込みをかけたのである。

その成果もあって、今では日本が輸入している冷凍サケの約８割をチリ産が占めるようになったのだ。

「回転ずし」は、今どこまでお客情報を管理している？

子供から大人まで、そして外国人にも人気の回転寿司だが、大手チェーン店に行くとＩＴ化が目覚ましいことを実感できる。

まず、店の入り口を入ってスタッフから「いらっしゃいませ、何名さまですか？」と聞かれることはなくなった。

だいたいタッチパネルに人数を入力して、発券された番号を持って順番を待つ。なかには人型ロボットが「いらっしゃいませ」と対応してくれる店もある。

そして、席に着いたら注文もタッチパネルだ。食べたい品を選んで注文ボタンを押せば、目の前までコンベアーで皿が運ばれる。

回転している寿司のほうにもＩＴが導入されている店もある。

回転寿司というと、かつては回ってくる寿司を眺めながら好きなものを選んだものだが、いつの頃からか回転している寿司は乾燥していておいしくないなどといわれるようになり、わざわざ注文する客が増えた。

しかし、そうなると回転している寿司の多くが廃棄されてしまう。そこで、皿ごとプラスチックのカバーをかぶせて鮮度を保とうとする店が現れた。

しかも、そのカバーにはＩＣチップが搭載されていて、なんと走行距離で鮮度管理されている。

たとえば、マグロならコンベアーの上を３５０メートル走行したら鮮度が落ちたと判断される。こうして品質を管理することで、リアルタイムに客のニーズを把握することができるのだという。

また、スマホのアプリでも順番待ちができるようになるなど、店側にとっても客の人数が事前にわかる便利なシステムも導入されている。

新鮮なネタをより安く、並ばずに食べられるように努力が続いているのだ。

やけに安い肉料理を、素直に喜んでいいの？

料理をする人なら「カサ増しレシピ」という言葉になじみがあるだろう。

ハンバーグにおからを混ぜる、麻婆豆腐にキノコを入れるなど、つまり、肉のような高い食材を減らす代わりに安い食材でボリュームを出すという、いわば騙しのテクニックで、テレビや雑誌でもひんぱんに特集されている。

だが、こうしたカサ増し術は何も主婦だけのものではない。むしろ、家庭の外では当たり前のようにはびこっている。

その代表格がスーパーの総菜売り場やファミレスで出てくる唐揚げやハンバーグといった肉料理だ。じつは、これらには「植物性たんぱく」という混ぜ物が使用されていることがほとんどである。

植物性たんぱくとは、大豆や小麦などの原料からたんぱく質を抽出したもので、粉末、粒状、ペースト状などその形状はさまざまだ。

これを生肉にダイレクトに混ぜることでボリュームをアップさせる。ふつうは肉の量に対して植物性たんぱくは2割程度だというが、なかには5割、またそれ以上の場合もあるようだ。

ただ、そのまま調理するとどうしても味が落ちるため、これに添加物を加えて味つけを濃くして提供しているのである。

とはいえ違法というわけではないし、アメリカなどでは健康志向からむしろ植物性たんぱくを使用した食品がポジティブにとらえられていたりもする。

ただ、妙に安くて食べごたえのある肉料理には肉以外のものが混ぜられている、ということは覚えておいたほうがよさそうだ。

たまごサンドの黄身は、じつは卵白だった⁉

小腹が空いた時や、昼食などに手軽に市販のサンドイッチを買って食べるという人は多いだろう。

なかでもたまごサンドイッチは人気の定番商品である。しかし、お店などで売られているたまごサンドイッチの中には、具材のたまごサラダに黄身を使わずに白身だけを使っているものがあるというから驚きである。

一見するとしっかり黄身が混ざっているたまごサラダのように見えるが、じつは白身に黄色い着色料で色をつけて黄身が入っているように見せかけていることもあるというのだ。

その理由は、たまごの需要に関係がある。たまごを卵黄と卵白に分けて使用する場合、菓子やマヨネーズなどの材料として卵黄のほうが需要が高い。

当然ながら卵白が余ってしまうため、卵白は黄身よりも割安で取引されることになる。白身だけを使用して黄色に着色し、たまごサラダ風に仕上げることでより価格を抑えた商品を作れるというわけだ。

もちろん、お店で売っているすべてのたまごサンドイッチが白身だけで作られているのではない。きちんと全卵を使用して調理されている本物のたまごサンドイッチも多い。

見た目や食品表示ではどれが全卵を使った商品なのか判別しにくいのだが、実際に食べてみると白身だけで作られたものは黄身に見える部分もやたらと歯ごたえがある。よく味わって食べてみるとたまご本来の味がしないはずである。

店によって微妙にちがう「カルビ」の定義のナゾ

ファミリー層向けの激安店が台頭したことで、今や気軽な外食となったのが焼肉専門店だ。

なかには高級焼肉店とは比較にならない安さで食べ放題を提供している店もある

が、安さのカラクリのひとつとなっているのが部位の名称の曖昧さである。

人気メニューのカルビは、その代表的な例だ。カルビとは本来「あばら骨」を意味する韓国語で、あばら骨の周囲の肉である「バラ肉」のことを指す。

バラ肉にはあばら骨の外側の「肩バラ」と、腹の内側の「ともバラ」があるが、通常カルビとして提供されることが多いのは肩バラよりも柔らかい、ともバラだ。

また、同じ肩バラでも例外的に柔らかく希少な「三角バラ」は、上カルビや特上カルビとして提供されることが多い。

だが、どの部位をカルビと称するか、どの部位を並カルビ、上カルビ、特上カルビと分類するかという明確な規定はなく、判断は店しだいなのである。輸入肉を並、国産を上とする店や、霜降りの具合だけで上や特上を決める店もある。

なかにはバラ肉以外の部位をカルビと称して提供する店もあり、店側が「カルビ」というメニュー名をつければ、肉質の似ている安い肉がカルビになってしまうこともあるのが現状だ。

ちなみに、ロースは2010年には景品表示法違反にあたるとして消費者庁の指導が入った。ロースと呼べるのは、肩ロース、リブロース、サーロインの3つの部位なのだが、値段の安い「もも肉のロース」などが堂々とロースを名乗っていることもある。

そば粉が1割でも「そば」と銘打つそば店があった!?

日本のファストフードとして駅前などでお馴染みなのが、立ち食いそば店だ。忙しい仕事の合間に手早く食事をとりたいビジネスマンには心強い店でもある。

しかし、こうした立ち食いそば店で出される「そば」の中には、そば粉の割合が少なすぎて〝うどん状態〟に近い麺も存在している。これはどういうことなのか。

そばを打つ時には「つなぎ」として小麦粉を混ぜることが多い。つなぎを使わず、そば粉と少量の水だけでつくられたものを「十割そば」、つなぎを2割、そば粉8割でつくられたものを「二八そば」という。

つるつるとして歯ごたえもいいことから二八そばを好む人も多いが、近年ではそば粉の価格高騰のためにこの割合がそば粉2割、つなぎ8割と逆転している立ち食い店もあるのだ。

スーパーなどで販売されている干しそばについては、「乾めん類品質表示基準」でそば粉の割合が3割未満の場合に「2割」や「1割未満」などと表示することが義務づけられている。しかし、外食のそば店ではそうしたルールがない。看板やメニューにそば粉の含有率をあえて表示しなければ、そば粉1割、小麦粉9割のうどんのような麺でもれっきとした「そば」として提供できてしまうのだ。

ちなみに、白い小麦粉をそばっぽい色と香りにするためには、そばの実の殻に近い部分を混ぜるなどしているという。そば粉の含有率を高める努力をしている立ち食いそば店も増えているが、結局、大急ぎで腹を満たせればいいという人は気にならないのかもしれない。

輸入元の国名を信じてはいけないケース

パスタをはじめとするイタリア料理の人気の高さから、日本の食卓でも一躍需要が増えたのがホールトマトなどの「トマト缶」である。

国産の生トマトよりも価格が割安で、水煮や味つけなどの加工が施されていることから調理にも使いやすい。自宅で手軽にイタリア料理を楽しむには、もってこいの食材といえるだろう。

これらのトマト缶は本場イタリアから輸入されたものが多いが、イタリアからの輸入品だからといって、すべてがイタリア産のトマトを使っているわけではない。じつは、今やイタリアも中国から大量に輸入しているのだ。

消費者にはイタリア産トマトと見せかけて、実際には中国産トマトを使っている缶詰もある。

中国産の表示がある商品は残留農薬などのイメージが根強く、日本では人気がない。そのため中国産トマトをいったんイタリアに輸入し、イタリア国内で缶詰に加工してから日本で売っているというわけだ。

輸入加工食品の場合は、食品が最終的に加工された国を原産国として表示することになっている。原材料のトマトが中国産であっても、缶詰に「中国産」と表示しなくても法的には問題ないのである。

もちろん本物のイタリア産トマトを使った缶詰もあるが、表示だけでは判別が難しいものも多い。原材料の産地が気になる人は、原産国表示だけを鵜呑みにしないほうがいいだろう。

ペットボトルの形にはどんな意味がある？

ミネラルウォーターからコーヒー、紅茶、炭酸飲料まで、ペットボトル飲料の品揃えは多岐に渡る。

しかしその形状に目を向ければ、いくつかの共通点が見えてくる。ペットボトルの形は中身によってある程度決まってくるのである。

まず、炭酸飲料は内側から炭酸ガスの圧力がかかる。そのために形は丸く圧力が均等にかかるようになっている。底は花びらのような形になっていて、圧がかかっても自立できるように設計されているのだ。

また、お茶やスポーツドリンク、果汁入りジュースなどは高温殺菌するために、その熱に耐えられる材質で作られている。また中身が冷えた時に体積が縮むので、容器がへこむのを防ぐための凸凹がつけられている。

ミネラルウォーターやミルク入りコーヒー飲料などには、無菌充塡用のペットボトルが使われる。薄くて柔らかく軽いのが特徴で、強度を保つためのみぞやくぼみがある。飲み終わったペットボトルのラベルを剥いて分別する時に気をつけて見てみると面白いかもしれない。

どうしてジンギスカンの羊肉は海外頼みなのか

グルメの本場北海道には、海産物から農産物まで挙げればきりがないほど美味しい食材が揃っている。

その中で、庶民に愛される北海道名物料理のひとつがジンギスカンだ。羊肉を野菜と一緒に専用の鍋で焼いて食べるこの料理は、北海道発祥のグルメとして今や全国に広まっている。

そのジンギスカンに欠かせないのは、もちろん羊肉だ。北海道名物に欠かせない羊肉は、北海道の広大な大地で育まれた地元の味かと思いきや、そのほとんどが輸入に頼っている。

もちろんジンギスカン料理が登場し始めた当時は、地元の綿羊飼育の副産物である羊肉を有効活用するという目的があった。しかし、時代とともに綿羊飼育は減少し、国産の羊肉は手に入りにくくなってしまった。

一方で、ヘルシーなイメージがあるジンギスカンは全国的に人気となっていて輸入量が増えている。

つまり、流通している羊肉の多くはニュージーランドやオーストラリアなどの外国産なのである。

格安アナゴは、ウミヘビを使っている⁉

アナゴといえば、回転寿司店などで気軽に食べられるようになったとはいえ、憧れの高級食材のひとつであることは間違いないだろう。

1皿100円程度で食べられる回転寿司なら、高級寿司ネタに手が届くのも魅力なのだが、世の中にはそうそううまい話はないわけで、そこには衝撃の真実が隠されている。

格安で提供されるアナゴは、なんと「ウミヘビ」を利用している場合があるのだ。ウミヘビといっても爬虫類に属するものではない。ウナギ目に属するれっきとした魚類だ。

ウナギ目の中でも、ヒレや尻尾の形が他の魚と違う種類をまとめてウミヘビ科と分類しているのである。

本家のアナゴはウナギ目アナゴ科であり、分類上近いといえなくもないかもしれない。

アナゴとして提供されているウミヘビはペルー近海で獲れ、地元では食用とされており「マルアナゴ」という和名もついている。メニューに「アナゴ」と書いたところで、まるっきりウソとはいえないのだ。

アナゴと思っていたらウミヘビだったと知れば多少はショックだが、美味しければそれはそれでいいのかもしれない。

「果汁100パーセントジュース」の見えないカラクリ

健康志向の高まりで、「ジュースは果汁100パーセント」がもはや主流となっている。しかし、果汁100パーセントといっても中身はどれも同じというワケではない。

単純に考えれば、まず果汁をそのまま絞ったストレート果汁がある。これは当然、果汁100パーセントなのだが、どうしても値段が高くなってしまう。

たとえば、デパートのジューススタンドや喫茶店などで出されるストレート果汁のジュースは、1杯500円前後から1000円以上するものもあり、この値段ではペットボトル飲料などとして一般に販売することはできない。

そこで登場するのが、濃縮還元果汁だ。果汁を熱して水分を取り除いたものを保存しておき、再び水を加えて液体にしたのが濃縮還元果汁だ。

保存や運搬のコストが安く済む濃縮還元果汁は、ストレート果汁に比べてぐっと価格が抑えられる。果汁100パーセントジュースが気軽に飲めるのは、この技術のおかげなのである。

日本産ワインのボトルに見え隠れする裏事情

近年、日本産ワインは品質が向上し、日本各地で地元ワインが登場するなどして人気が高まっている。

実際、ワイン売り場に行くとフランスやスペイン、チリ産などの海外のワインと並んで日本産ワインの品揃えがぐっと増えてきているが、この日本産ワインと海外のワインとを見比べるとボトルが少し小さいのがわかるだろうか。

国際的なワインの容量は750ミリリットルなのだが、日本産のワインはそれより容量の少ない720ミリリットルなのだ。

国際的な基準に合わせればいいのにと思う人もいるかもしれないが、この容量の差が生まれたのには日本ならではの理由がある。

じつは、日本産ワインの容量である720ミリリットルは、「日本酒」の4合瓶と同じ容量なのである。

日本酒の1升は1・8リットルで、1合はその10分の1の180ミリリットルになる。それが4合瓶だと720ミリリットルになるので、国際的なワインの容量とその差はわずか30ミリリットルしかない。

それならワイン用にわざわざ新たなボトルを作るよりも、古くからある日本酒の4合瓶を利用するほうがコストも抑えられて都合がいいと考えたのである。

ちょっと小ぶりな日本産ワインのボトルには、日本酒との秘かな関わりが隠されていたのである。

「日清焼そばU.F.O.」はなぜUFOにドットがついてる？

1970年代後半に世の中を湧かした出来事といえば、UFOブームだ。

テレビでUFOや宇宙人を取り上げた番組がよく放送され、1978年にはピンクレディーの代表曲『UFO』がリリースされ、アメリカ映画『未知との遭遇』も日本公開している。

そんなブームのさなかに、食品業界から『日清焼そばU.F.O.』が登場した。円形のパッケージに大きな「U.F.O.」の文字は、いかにもブームに乗ったかのようだが、じつはこのネーミングは未確認飛行物体のそれではない。

Uは「うまい」、Fは「太い」、Oは「大きい」の頭文字で、商品の特徴をうたっているのだ。アルファベットの横についているドットは、いわば句読点のようなものなのかもしれない。ただ、ロゴの下には小さく未確認飛行物体を意味する「UNIDENTIFIED FLYING OBJECT」の文字もある。まったくブームに乗っていなかったかといえば、どうやらそうでもなさそうである。

4
「街」は裏から読むとおもしろい

アンケートのデータを鵜呑みにしてはいけない理由

何か新しい企画を立てる時、アンケートをマーケティングに役立てることがある。

多くの場合は匿名だし、その回答は信頼度が高いと思ってしまいがちだが、あながちそうともいえない。というのも、この手の調査では若干のウソが混じっている場合があるからだ。

たとえば、「洋服を買う時には何色を選ぶことが多いですか?」のような問いであれば、その答えにウソはほとんどないとみていい。

ところが、「あなたは1カ月に何冊本を読みますか?」といった「オトナらしさ」や「社会性」を問うような内容には、「こういう人間に見られたい」「こうは見られたくない」という本人の願望が多分に影響することがあるのだ。

だから、本当は1冊読むか読まないかなのに「1~2冊」、1~2冊読む人でも「2~3冊」などと下駄をはかせて答える人が続出する。

匿名のアンケートではなく、顔をつき合わせて自由に意見を言い合うようなグループインタビューでは、この現象はさらに多くなるだろう。

調査する側は、調査項目の性質によってはそのあたりを見極める必要がある。逆にいえば、質問のしかたしだいで結果を誘導することもできるわけだ。

人口減少社会日本が悩む「都市のスポンジ化」ってナニ？

都内やその近郊を歩いていると空き家に出くわすことは少なくない。そのほとんどが昭和の時代に建てられた一軒家で、新しくはないもののまだまだ住めそうなのに人の気配もなくポツンと佇んでいる。

都内だけでなく、日本全国の都市ではこのような空き家が増える「スポンジ化」が進んでいるのだ。

１９６０～70年代の高度経済成長期、都市には多くの若者が集まり、こぞって近郊に居を構えた。

だが、その年代が年を取って故郷に戻ったり、あるいは亡くなったりすると、その家を継ぐ者がいなくなった。こうしてマイホームは取り壊されることもなく、放置されているのである。

しかも、これは急激な人口減少を招いている日本だけの現象だといわれており、このままだと都市はまさにスポンジのように蝕まれてしまうというのだ。

もちろん、すでに本格的な対策を講じている自治体もある。

たとえば山形県の鶴岡市では、建設関係の業者や司法書士など専門家を集めてNPO法人を設立し、空き家や土地を整理して暮らしやすい住宅地にして生まれ変わらせている。

気づいたら街中が空き家だらけという未来はすぐそこまで来ているのだ。

そもそも神社と神社本庁はどんな関係？

江戸勧進相撲の発祥地として知られる東京の富岡八幡宮で2017年、宮司ら4

人の死傷事件が起きたが、富岡八幡宮が神社本庁から離脱していたことをご存じだろうか。

過去には日光東照宮（栃木県）をはじめ、明治神宮（東京都）、気多大社（石川県）などが離脱しており、神社本庁に所属していない神社も少なくない。

ところで、そもそも神社本庁とは何なのだろうか。

ひと言でいえば、全国7万9000の神社を包括する宗教団体で、各都道府県には支部である神社庁がある。

立場としては一宗教法人に過ぎないのだが、その神社本庁からの離脱が近年、相次いでいるのだ。

離脱の理由は、本庁サイドの運営のあり方をはじめ、いろいろ囁かれているが、いずれにしても、神社本庁VS地方の大神社の争いの構図が垣間見えるという。

東京台東区の浅草寺が仲見世商店街に家賃の値上げを提示して騒動になっているのを見ても、近ごろ神社の周辺がなにかと騒がしい。

財政破綻した自治体で元気なお年寄りが増えている⁉

医療費や介護費用などの社会保障費が年間30兆円を超える日本では、いかにこの費用を削減するかが課題になっているが、じつはその具体的な対策としてヒントになりそうな自治体がある。

それは高級メロンの産地として、そして日本で唯一、財政破綻した町としても知られる北海道の夕張市だ。

２００７年に３５３億円の赤字を抱えて事実上破綻した夕張市は、行政サービスが切り詰められたことで若者が離れ、高齢者率が50パーセントを超える日本一の高齢化自治体になってしまった。

しかも、そんな高齢者の多い町で、市民が頼りにしていた市立病院がなくなってしまったのだ。

診療所などの医療機関はあるが、ＭＲＩやＣＴなどの高度医療機器を備えた病院が市内にはない。

大きな病気にかかってしまえば、遠くの大きな病院にまで行かなくてはならなくなってしまったのだ。

しかし、それが住民にとって不幸の始まりとなったかといえば決してそうではなかった。

高度な医療を施す病院が近くにないから、できるだけ健康に気づかい、介護施設などでも病気の予防に努めた結果、救急車の出動回数が減り、高齢者一人当たりの医療費も下がったのである。

しかも、自宅で最期を迎える老衰による死亡が増加したのだ。

医療が発達したおかげで日本人の寿命は延びたものの、高齢者施設や病院での延命治療を受けながら数年を過ごす人も少なくない。

夕張市のように住民の意識が変われば、この国のカタチも変えられるのかもしれない。

法律事務所の広告が最近やたらと増えたワケ

ラジオやテレビでここ数年、「過払い金を取り戻せます」「ご相談は無料です」という法律事務所などのCMが増えている。

これは、２００６年の法改正で、それまで消費者金融やクレジットカードのキャッシングなどで業者が消費者から取り過ぎていた、いわゆる〝グレーゾーン金利〟の返還請求ができるようになったからだ。

ただ、返還請求できるとはいえ、素人にはどうすればいいのかよくわからない。そこを専門家の弁護士や司法書士が代行してくれるというものである。

しかし、なぜ法改正から何年も経ってから雨後のタケノコのように法律事務所がわれもわれもと広告を打ち始めたのだろうか。

かつては法律事務所が広告を出すことは原則禁止されていたが、２０００年に自由化されてから可能になった。

だが、その頃は弁護士の数も少なかったから、ラジオやテレビなどで大々的に宣伝する必要がなかったのである。

ところが、将来弁護士の数が足りなくなるという予測のもとに、国の主導で2004年に法科大学院制度ができてから弁護士の数が激増してしまった。

それまで年間500人ほどだった司法試験の合格者が4倍の2000人以上に膨れ上がってしまったのだ。

そのため〝業界内〟での競争が激しくなり、おもに借金問題や過払い金などを請け負うなど新しいタイプの法律事務所も現れるようになったのだ。

その影響かどうかわからないが、2017年には期間限定のキャンペーンを5年近くも続けていたとして景品表示法違反で某法律事務所が2カ月間の業務停止となる一幕もあった。

しかし最近では、B型肝炎訴訟の給付金請求についての広告も見かけるようになった。

これからは、法律事務所の敷居がもっと下がって身近な存在になっていくのかもしれない。

都市のライトアップで浮かび上がった「ある問題」

モノを買うよりも、何かを経験することにお金を使う〝コト消費〟が増えている。インスタ映えする写真を求める消費者の心をとらえるべく、ライトアップやイルミネーションも全国各地で行われるようになっている。

ただ、そんな美しい光が自然界にとっては大迷惑になっていることもある。特にネオンが多い都会では夜でも真っ暗になる時間がほとんどなく、植物は常に何かしらの光を浴びている。

これを〝光害〟というのだが、自然に及ぼす影響はかなり深刻なのだ。

多くの植物は春になると芽吹き、夏に向かって新緑が色めき、秋には紅葉して冬に散る。そして、また春になると新しい芽を出すというサイクルを繰り返しながら生きている。

日光を浴びる時間を自ら計算しながら芽を出したり、花を咲かせたりしているのである。

だが、年がら年中光を浴びていると、それが狂ってくる。もう十分に日光を浴びたと錯覚して春でもないのに芽が吹き出すと、若い葉をエサにしている幼虫が孵化する時期とタイミングがずれて幼虫が育たなくなる。

そして、その幼虫を捕食している鳥や昆虫の数も減る。そうなると昆虫のエサである蚊が大量に発生し、感染病が蔓延する危険性がある。

人間があまりにも多くを求めすぎると、逆に自分の首を絞めることにもなりかねないのだ。

電信柱に貼られた「電ビラ」に注意セヨ

街を歩いていると、電柱に貼られた不動産広告を目にすることがある。

「未公開物件！　○○駅徒歩10分　東南角地40坪４ＬＤＫ　先着順！」。

このような文字が踊り、下に大きく問い合わせの電話番号が書いてある。

これは業界用語で「電ビラ」（電柱ビラの略）と呼ばれるもので、捨て看板同様、違法行為である。

しかも注意しなくてはならないのは、そこに記されている物件はダミーの場合もあるということだ。

では、いったい何の目的で貼られているのか。その答えは客の情報収集だ。

たとえば、そのビラを見て連絡してきた人がいたら、「担当者が内見に出ているので折り返します」と電話番号を聞き出していったん電話を切り、あとから営業の電話をかけるのだ。

あるいは「じつは、昨日売れてしまったんですが、ほかにも同じような物件がありますよ」と言って、すぐさま来店を促したりもする。

つまり電ビラは、今まさに物件を探している客を集めるためのトラップである可能性があるのだ。

そもそもが違法行為なので、不動産会社としての質も推して知るべしだ。本当に気になる物件であれば、そこに電話をかける前に大手の不動産会社に問い合わせてみるなど、まずは物件の信憑性を確かめてみることをおススメする。

選挙事務所といえば、どうして「為書き」なのか

日本の選挙には外国人も首をひねるおかしな習慣がいろいろあるが、選挙事務所に貼られている「為書き」もそのひとつではないだろうか。

為書きとは、選挙の応援ビラのことで、「激ビラ」「絵ビラ」とも呼ばれる。

テレビ中継などで選挙事務所が映ってもまじまじと見ることはないが、そこには「祈　必勝　都議会議員候補　為　○山×郎殿」のような文字が書かれている。つまり、候補者の応援の「為」に書かれたものだから「為書き」なのだ。

左側には送り主が記されるが、総理大臣や党代表、大物閣僚など知名度のある人であればあるほど価値も高くなる。

基本的には筆耕士（ひっこうし）などが筆文字で書いたものを印刷し、名前の部分だけ変えて各候補にばらまかれるのだ。

問題は、為書きを貼る場所である。

どこで誰が見ているかわからないので、当然、エライ人から順に目立つ場所に貼るのがお約束だ。そうでないと「自分のほうが立場が上なのに、なんであんな場所に貼られているんだ」などとケチをつける先輩議員がいたりする。

為書きの数は多ければ多いほどいいし、誰もが事務所内の壁に隙間なく貼りたがる。

「自分はこれだけの人に応援されています」「当選するにふさわしい人物なんです」

つまりは、こんなふうにアピールするための重要なツールなのである。

その〝ルックス〟で盲導犬になれなかった犬がいる!?

目の不自由な人の生活を介助するために訓練された盲導犬と聞いてパッと頭に浮かぶのは、薄茶色のラブラドール・レトリバーやゴールデン・レトリバーではないだろうか。

東日本盲導犬協会のホームページを見ても、トップページに出てくる画像は何匹ものレトリバーだ。盲導犬といえばレトリバーというイメージは間違っていない。

しかし、日本で最初の盲導犬は、ドイツから来た4頭のジャーマン・シェパードだったのだ。ジャーマン・シェパードは警察犬としても活躍する大型の犬種であり、立派な体格と忠実で賢い性格が盲導犬にピッタリだった。

では、なぜ現在の盲導犬にシェパードがいないのかというと、その風貌が「怖い」というイメージで見られてしまうために、街中で行う盲導犬としての活動がしにくかったからなのだ。

もともと狩猟犬として活躍していたレトリバーは、外見も愛嬌があり性格も従順で賢いことから、盲導犬として選ばれるようになった。

現在、日本で活動している盲導犬は、ラブラドール・レトリバー、ゴールデン・レトリバー、ラブラドール・レトリバーとゴールデン・レトリバーのミックス犬の3種類である。

首相官邸の「秘密の抜け穴」をめぐってささやかれる噂

政財界の要人が地下トンネルを使って移動するなどというのは、まるでスパイ映画の中だけのことのように思えるが、しかし、日本にも実際に使われている地下トンネルは存在する。

その中のひとつが、東京・永田町にある首相官邸の地下トンネルだ。現在の首相官邸は2002年から使われているのだが、そこには内閣府も公式に認めた地下トンネルが存在する。これは有事に使われる秘密の脱出路というわけではなく、首相官邸の向かいにある内閣府への通路なのだという。

新官邸になる前は地下トンネルがなく、首相官邸と内閣府の間で荷物を運搬する際には職員が台車などで運んでいた。

しかし、荷物の中には機密文書なども多く、防衛上の問題もあった。そこで地下トンネルを使えば、安全なうえに天候も気にしなくてすむというのだ。

とはいえそれは表向きの理由で、じつは要人が秘密裏に移動するためだという説もある。官の話を鵜呑みにはできないのが政治の世界なのである。

一般人はホームの外に出ることができない駅がある

電車というのは人や荷物を運ぶもので、駅はその往来に欠かせない存在だ。しかし、なぜか一般の人たちは駅舎の外に出ることができない不思議な駅があるのだという。

神奈川県の鶴見と川崎の市境あたりにあるＪＲ海芝浦駅は、無人駅で改札にも駅員はいない。じつはこの駅は大手電機メーカーの東芝の敷地内にあり、出口の先は東芝京浜事業所なのだ。そのため、従業員か入門許可証を持っている人でなければ改札を出ることができないのである。

ところが駅舎から出られないにもかかわらず、ＪＲ海芝浦駅で降車する人は多い。ＪＲ海芝浦駅のホームは東京湾に面していて、目の前には鶴見つばさ橋、少し遠くにはベイブリッジも見ることができるため、その景観を目当てに訪れる人があとを絶たないのだ。

その人気ぶりに、東芝も敷地の一部にホームから降りられる公園をつくった。公園手前にある改札で精算をすれば公園に出て景色を楽しむことができる。

伊勢神宮の四重の垣根の内側には何がある？

日本で最も重要な聖地のひとつとして挙げられるのが、三重県にある伊勢神宮だ。御祀神は皇室の始祖である天照大御神で、代々の祭主には皇族出身の女性が就いている。現在の祭主は、今上天皇の長女である黒田清子さんだ。

伊勢神宮の中心部には天照大御神を祀った内宮と、衣食住をはじめ産業の守り神である豊受大御神を祀った外宮がある。

その両方とも四重の板垣で囲まれていて、一般の人は一番外側の垣根の外側までしか立ち入ることはできない。一番内側の垣根は「瑞垣（みずがき）」と呼ばれ、その内側にあるのはそれぞれの神を祀った正殿であり、そこは神の領域となっているのだ。

通常は神社の板垣は二重、多くても三重であり、四重の板垣に囲まれた伊勢神宮の正殿がいかに神聖なものなのかがわかる。

選挙事務所のボランティアを悩ませている意外なモノ

政治家にとっての一大イベントといえば選挙だが、候補者サイドのスタッフが真っ先に手をつけるのがボランティアの確保である。というのも、選挙事務所にはアナログな手作業がたくさんある。その代表的なものが「証紙貼り」だ。

選挙ではたくさんのビラが配られるが、どんなものでもいいわけではなく、証紙というシールが貼られたものでなくてはならない。

だが、証紙は公示日以降に選挙管理委員会から配布されるため、あらかじめ準備することはできない。だから、選挙期間中にボランティアが候補者の顔が刷られたビラに1枚1枚手作業で貼ることになるのだ。

その数は選挙の種類や都道府県で上限が異なるが、多ければ20～30万枚に及ぶこともある。

当然、1日ではこなせないので、選挙期間中は日替わりでスタッフが事務所の隅でせっせとシール貼りをしていることも珍しくない。

かといってシールのないビラを配るのは公職選挙法違反になるので、放り投げるわけにもいかないのだ。

ほかにもポスター貼りや演説時の旗持ちなど、ボランティア頼みの作業は少なくない。

人口は減っても新築物件が次々建てられる不思議

2011年以降、日本の人口は減少の一途をたどっている。1年間に誕生する子供の数よりも死亡者数のほうが上回っているのだ。

そんな人口減少社会でありながら、新築住宅は毎年90万戸ほど建っている。タワーマンションの着工数も増え、住宅街の中に取り残されていた農地が売りに出されると、細かく分割して何軒もの新築物件が建つくらいだ。

そんなに建てて売れるのだろうかと心配になるが、売れ残ることはあまりない。やはり需要があるから建てるということなのだろう。

ところで、こうして住宅が増えることはじつは自治体にとってもうれしいことである。なぜなら、新しい住民が増えれば人口増になるからだ。

高齢化社会において、若い子育て世代がたくさん居住することは自治体の活性化につながるし、ひいては税収が増えることにもなる。

そのため、新規の宅地開発をしやすいように規制緩和をしている自治体もあるくらいだ。

だが、それが人口の奪い合いにもなっており、なかには「他の自治体から人口を奪ってでも生き残っていく」などと公言する首長も現れている。

しかし、無計画な開発はいずれ大量の家余りを生む。そのツケは次の世代に回されるのだろうか。

新橋駅には幻の駅が眠っている⁉

サラリーマンの聖地としてガード下の飲み屋などが愛されてきた東京・港区の新橋駅だが、そこに幻の地下駅があると聞けば俄然興味が湧いてくる。

その駅というのは、東京メトロ新橋駅の隣にある。

戦前、東京高速鉄道の五島慶太社長が、すでにあった東京地下鉄道の新橋駅を利用して渋谷から新橋までのルートを延伸しようと目論んだ。

しかし、東京地下鉄道は新橋駅を利用することを認めず、五島社長は新しい新橋駅を造らざるを得なかった。

すると当然、利用者から乗り換えの不便さを訴える声が多く上がり、結局双方の路線をつなげることになって、東京高速鉄道が造った駅は使われなくなったのだ。

幻の駅は、銀座線新橋駅の西新橋改札付近から8番出口のあたりの壁の向こうに現在もそのままの形で保存されている。

当時の電車は2両編成だったため、現在の駅と比べるとかなり小さい。一部を駅の会議室のスペースとして利用しており、会議室の壁には幻の駅の駅名票が見えるように穴が開けてある。

東京メトロによれば、現在行われている新橋駅のリニューアル工事が終わったらこの駅を一般公開できるようにという構想もあるようなので楽しみに待ちたいところである。

立ち入り禁止ホームの封印が解かれる時がきた!

2020年の東京オリンピックに向けてさまざまな業界の動きが加速しているが、観光客らを運ぶ鉄道各社もその準備に余念がない。

たとえば、JR千駄ケ谷駅にある立入禁止のホームも再び利用される時が来たと話題になっている。

1964年の東京オリンピックの際に、メインスタジアムとなった国立競技場の最寄り駅である千駄ヶ谷駅に混雑緩和の目的でつくられたのが現在の立入禁止のホームだ。

オリンピックが終わってからは使われなくなり荒れ放題だったのだが、２０２０年のオリンピック開催で臨時ホームが復活されようとしている。

点字ブロックなどがないために整備が必要ではあるが、鉄道マニアならずとも一度利用してみたいと思う人も多いだろう。

ホワイトハウスの執務室が卵型をしている理由

オバマからトランプへとその主が変わったのが、アメリカのワシントンにあるアメリカ大統領の公邸ホワイトハウスだ。

公表されている情報によれば、部屋数は１３２、敷地内にはテニスコートや映画館、ボウリング場などもあるという。

その中心になるのが大統領の仕事場である執務室だが、その部屋の形はなんと卵形をしているという。じつは、これには重要な意味があるのだ。

卵形の執務室のルーツは初代大統領ジョージ・ワシントンの執務室にある。ワシントンは部屋の中のどの客とも等しく和やかに談笑できるようにという意図で、公邸の執務室を卵形に設計した。

ホワイトハウスはワシントンが退任したあとに完成したため、ワシントン本人が仕事をすることはなかったのだが、１９０９年に改装された際、27代大統領ウイリアム・ハワード・タフトがワシントンに倣ってもともと四角だった執務室を卵形にしたのだ。

近年の国際情勢などを考えれば、「どの客とも等しく和やかに」というワシントンの思いがなおいっそう重要なものに思えるのである。

5

芸能、スポーツ…
エンタメ世界の光と影

クイズ番組の問題はいったい誰が作っているのか

いつの時代もひとつやふたつあるのがクイズ番組である。

さすがに素人参加型は減ってきたが、タレントや文化人たちが知識を競い、視聴者はテレビを観ながら一緒になって問題を解いていく。家族で観られる番組が少なくなった昨今、一定のニーズがあるのは間違いないだろう。

クイズ番組に欠かせないのは、なんといっても問題をつくる〝クイズ作家〟の存在だ。いったいどんな人が請け負っているのかというと、ざっくりいえばクイズマニアの人たちである。

大学のクイズ研究会出身や過去のクイズ番組の優勝者など、クイズに精通した人たちの多くは「クイズ制作会社」なるものを起業し、制作を一手に引き受けているのだ。

一般の人では簡単に解けない難問から、「思い出せそうで思い出せない！」というような絶妙な問題まで、番組が求めるレベルに合わせたクイズをつくるプロフェッショナル集団なのである。

とはいえ、万が一「問題」や「解答」に間違いがあったら即クレームものだ。そのため、某長寿番組では常に1回の放送分の3倍の問題を用意し、チェッカーがそれらをすべて間違いがないかどうかを検証し、そこからさらに採用分を厳選していくという。

クイズ番組が流行れば、優秀な作家を確保するのもひと苦労。楽しい番組の裏側では、制作陣が問題作りに四苦八苦しているのである。

「インディ500」の優勝者はなぜ表彰台で牛乳を飲む？

佐藤琢磨選手が優勝したことで日本でも脚光を浴びたインディ500は、アメリカのインディアナポリス・モーター・スピードウェイで開催される世界3大レースのひとつだ。

レースはタフで、フリー走行と予選、決勝が3日間で行われるモナコGPと違い、インディ500は練習走行だけで5日間行われ、予選は2日間にわたり、そこを勝ち抜いてようやく決勝を迎えることになる。ル・マン24時間耐久レースに負けず劣らずのハードなレースなのである。

ところで、インディ500にはモナコGPやル・マンにはない独特の伝統がある。それは、表彰台での光景を見ればわかる。

カーレースに限らず、欧米ではスポーツの大会で優勝すると表彰式でよくシャンパンファイトが行われる。表彰台でシャンパンボトルを振って、盛大に中身を撒き散らす例の〝儀式〟だ。

しかし、インディ500ではそんな派手な儀式は行われない。優勝者は表彰台で牛乳を飲むのだ。

これは「Winners Drink Milk!」と呼ばれていて、1933年の優勝者であるルイス・メイヤーがバターミルクをリクエストして、ボトルからグビグビと飲んだことから始まった。

それに目をつけた乳業メーカーがスポンサーとなり、インディ500の恒例となったのだ。

しかも、予選を通過した選手は、あらかじめ「成分無調整乳」「2パーセント低脂肪乳」「無脂肪乳」のいずれかを指定することができる。

この恒例の伝統儀式は地元ファンの間では大切にされていて、過去にはオレンジジュースをリクエストして飲んだ優勝者が伝統を破ったことで批判されるという事態になったこともある。

相撲用語の「ガチンコ」がプロレスに〝移植〟されるまで

真剣勝負のことを「ガチンコ対決」などというが、このガチンコという言葉は、もともと相撲界の隠語である。力士同士が本気でぶつかり合った時に鳴る、「ガチッ」という音が語源になっているという。

2011年には力士同士が金で白星を売買する八百長問題が発覚して大問題になったが、そんなズルをしない、本気のぶつかり合いのことだ。

それをプロレス界に持ち込んだのは、力士からレスラーに転身した力道山だ。

プロレスには「ブック」という筋書きを意味する言葉があり、またそれを破ることを「ブック破り」というように、本来はエンタメ的な要素が強い。

しかし、力道山が天下を取ったことから、ガチンコやつけ人制度など角界のしきたりがプロレス界にも入っていったとされている。

それが、今ではさまざまなスポーツでも「真剣勝負＝ガチンコ」というように使われるようになったのだ。

しかし、考えてみるとスポーツの試合ではガチンコは当たり前。プロレスのように重傷者さえ出てしまいかねないような激しい戦いは別ではあるが。

野球の監督はなぜスーツ姿でベンチに入ってはダメなのか

サッカーやバレーボール、卓球などスポーツの監督といえばジャージを着ているかスーツ姿で選手にゲキを飛ばしているものだ。

しかし、野球だけは違う。プロ、アマを問わず、そして少年野球でも監督も上から下まで選手と同じユニフォームを着ている。

じつは、これは規定で「同じチームの監督やコーチ、選手は同型、同色、同意匠のユニフォームでなければならない」と決められているからだ。

野球だけにこのような規則があるのは、野球が誕生した当時、チームのキャプテンが監督を兼任していたからだといわれている。

なるほど、たしかに日本のプロ野球でも時々、選手兼監督という人がいる。

かつての大阪タイガース（現・阪神タイガース）の選手兼監督だった藤村富美男氏は、審判に「代打、ワシ」と告げて逆転サヨナラホームランを放ったことで有名だ。

さらに、野球の監督は直接、グランドに入って選手にアドバイスすることもある。ほかのスポーツでは、足がテクニカルエリアなどのラインをはみ出しても審判から注意されたりするのに、野球の場合はそれが許されるのだ。

このようなルールの特殊性もあって、グランドプレイヤーの一員として同じユニフォームを着用するのである。

時刻表はどうして1キログラムを超えてはならないのか

電車の時刻や乗り換えは、スマホのアプリでサクッと調べるという人が大多数だろうが、鉄道ファンや旅行ファンの間では、紙の時刻表にまだまだ根強い支持がある。

現在、販売されているのはＪＴＢ版と交通新聞社版の２冊だが、そのどちらも分厚く、ずっしりと重い。だが、けっして1キログラムを超えないように作られていることをご存じだろうか。

郵便物には「第三種郵便」といって、書籍の郵送料が割引になる制度がある。年間の発売回数や発売部数など一定の条件があるのだが、時刻表もまたこの第三種郵便として配送されている。

この制度にはもちろん書籍のサイズにも上限があり、重量は1キログラムまでと定められているのだ。

仮に1キログラムちょうどの時刻表を第三種郵便で送れば、郵送料はわずか214円で済むが、これが1グラムでも超えると2キログラム以内の定形外郵便となり、料金はとたんに跳ね上がってしまうのである。

特に時刻表は定期購読しているようなマニアが多いため、配送にかかるコストはバカにならない。

発行する側としては、この先鉄道の路線がいくつ増えようが、何としてでも1キログラム以内におさめる必要があるというわけだ。

金メダルの中身は〝ゴールド〟ではなかった

2020年に開催される東京オリンピックが待ち遠しい昨今だが、オリンピックで必ず話題になるのが「各国の選手団がいくつ金メダルを取るか」だろう。

すべての参加者の憧れなのが勝者の胸に輝く金色のメダルだが、じつはその中身はほとんどが銀なのである。

オリンピック憲章の規定によれば、1位と2位のメダルは「銀製で、少なくとも純度1000分の925。また、1位のメダルは少なくとも6グラムの純金で金貼りされていること」となっている。

つまり、金メダルは純金のメッキがされた銀メダルなのである。

一皮むけば銀メダルと変わらないとはいえ、その価値は雲泥の差なのがオリンピックの金メダルだ。某国のドーピング問題も大きな話題となるなど、金メダルの争奪戦は過熱する一方なのである。

朝ドラはいつから「連続テレビ小説」になったのか

毎回「ヒロインは誰か?」が話題になるのがNHKの朝ドラだが、正式には「朝の連続テレビ小説」という。

テレビドラマなのに「小説」と称されている理由は、その成り立ちまでさかのぼる。

第2次世界大戦後の日本ではラジオ放送が娯楽の中心であり、朝のラジオから流れる「ラジオ小説」という番組が人気を博していた。

テレビの放送の開始に伴い、人気だったラジオ小説の手法を取り入れた番組をつくろうと「朝の連続テレビ小説」がスタートしたのである。

1961年には第1作となる「娘と私」が放送されている。

「娘と私」は1回20分という放映時間だったが、2作目の「あしたの風」以降、放映時間15分、放映期間半年、ナレーション多めという手法は現在まで変わっていない。

62パーセントを超える最高視聴率を叩き出した「おしん」をはじめとして、50パーセントを超える視聴率も珍しくなかった朝ドラだが、ライフスタイルの変化も反映してか、最近では20パーセント前後となっている。

とはいえ、相変わらずの人気ともいえる朝ドラは女性が主人公の作品で、時代も明治以降のものがほとんどだ。戦後以降、視聴者のニーズはさほど変わっていないようにも思えるのが興味深い。

テレビショッピングの外から見えない戦略とは？

軽妙な語り口や、オーバーリアクションで観る人を飽きさせないテレビショッピング番組は、今や専門のチャンネルができるほど浸透している。

そんなテレビショッピングで扱う商品は、市場価格から見ても安く設定されているものが多いうえ、あれもこれもとおまけがつけられる。

番組の制作コストなどを考えたらそれで商売は成り立つのかと勘ぐってしまうが、じつはそこにカラクリがある。通販会社が欲しいのは、顧客名簿なのだ。

テレビショッピング番組を持っている通販業者のほとんどは、カタログやネットショップを使った通信販売を行っていて、そちらで扱っている商品数のほうがはるかに多い。

通販業者はテレビショッピングでお得な商品を売り、それにつられて購入申し込みをしてきた視聴者を顧客として登録することで、引き続き販促をかけることができるのである。

薄利とはいえ、商品を売ったうえで顧客リストを手に入れることができるテレビショッピングは、売上げ以上の価値をもたらすおいしいツールなのである。

「甲子園の土」をめぐるウソのような本当の話

高校球児たちが活躍する春夏の大会の舞台となる甲子園球場は、高校野球の代名詞として選手たちの憧れの球場となっている。負けたチームの選手たちが甲子園の土を袋に詰めて持ち帰る姿はもはや風物詩だ。

当然、毎年選手たちが土を持ち帰っていたらいずれは土がなくなってしまうわけだが、甲子園の土は日々メンテナンスが行われ適宜補充されているという。

ところで、その土はどこの土かといえば、甲子園球場のホームページにしっかりと示されている。甲子園の土は黒土と砂のブレンドで、その割合は春と夏で変えているのだという。

黒土は、岡山県日本原、三重県鈴鹿市、鹿児島県鹿屋、大分県大野郡三重町、鳥取県大山などの土をブレンドしている。

砂は、最初は甲子園浜からのものが使われていたようだが、現在は中国福建省のものを使用している。

雨が多い春の大会では水はけを考えて砂の配合を増やし、夏の大会ではまぶしい日差しの中でも白球が見えやすくなるように黒土を多く配合しているという。

高校球児たちの夢の舞台を守るために、細やかな心遣いがなされていることにも感動を覚えるだろう。

もし、偶然あなたが遺跡を発見してしまったら……

日本では年間９０００件程度の遺跡発掘調査が行われていることはあまり知られていない。

銅鐸などの小さな遺物から、新聞のトップ紙面を飾るような古代の集落跡などの大きな遺跡まで毎年新たな発見があるのだ。

遺物や遺跡が学術上貴重な資料になることは当然なのだが、面白いのは出土した後、どのような手続きを経るのかということだ。

じつは、歴史的な遺物はすべて「落とし物」として警察に届けることになっているのである。

届けられた警察では、通常の落し物として14日間の公告をする。その後に持ち主が名乗り出るまで3カ月間待つのである。

もちろん、持ち主ははるか昔にいなくなっているために名乗り出ることはない。すると、持ち主不明の拾得物となり、発見者が国の機関でなければ都道府県の持ち物になるのだ。

ただし、発見された土地の所有者が代々明らかな場合や、古文書などでその祖先の持ち物であることが明らかな場合は、持ち主に所有権が認められることがある。

博物館に展示されている貴重な遺物が「落とし物」だったことがわかれば、ぐっと身近になったように感じられないだろうか。

力士の番付をめぐる知ってて知らないシビアな話

何かと話題の尽きない相撲界だが、その内情については一般にはあまり知られていない。たとえば、その給与体系もしかりだ。

すべての力士は相撲協会に属しており、給料も相撲協会から支給されるのだが、「幕下」と「十両以上」では雲泥の差がある。

幕下とは力士見習いという扱いで、取り組みも地上波の大相撲中継では放映されない。所属する部屋から支給される場所ごとの手当てが唯一の収入で、年間50万円程度から100万円を切るくらいだ。

一方、十両以上の力士になると、協会から給料が支給されるようになる。一番格下の十両でも月給は100万円以上だ。そのほかにも、力士報奨金や懸賞金、さまざまな手当があり、十両クラスでも年収は1500万円を超える。

番付はひとつしか違わない幕下と十両だが、その待遇の差は歴然だ。相撲通の間では、幕下上位同士の取り組みや、幕下の上位と十両の下位が当たる入れ替え戦が一番面白いといわれているのもうなずける。

どうして高校野球では金属バットを使うのか

高校野球とプロ野球の違いはいろいろあるが、目につくのはバットの材質の違いだろう。

甲子園球場に響くカキーンという音からもわかるように、高校野球で使われるのは金属のバットである。

じつは、高校野球でももともと木製のバットが使われていたのだが、１９７４年の大会で金属バットが導入された。

その理由には諸説あり、「折れないので長持ちする」「木を使わないのでエコである」といったものが挙げられているが、はっきりしたことはわからない。

しかし、金属バットが導入されて以降、打球の飛距離は格段に伸びてホームランが多く出るようになった。

観戦する人には楽しみが増えたのだが、同時にプロ野球に進む球児たちは入団後まずバットの材質の違いに苦労するという側面がある。

ほとんどの選手が金属バットを使用するなかで、あえて木製バットを使い続けるという高校球児もいるようで、そんなところに気づくと野球観戦の楽しみも増すというものだ。

視聴者がモヤモヤする「山場ＣＭ」がなくならない理由

テレビのバラエティ番組などを観ていて、続きがすごく気になるというところでＣＭが流れるのはよくあるパターンだ。

しかも、ＣＭに入る前に「このあと衝撃の結末！」などと視聴者を煽るようなテロップを入れて盛り上げておき、ＣＭが終了して番組に戻るとＣＭ前の場面を再び繰り返して放映し時間を稼ぐという構成も多い。

しかも、それだけ待たされた挙句、ＣＭ明けの結末は衝撃的でもなければ、とりたてて面白くもないという場合が多い。視聴者の中には不愉快に感じる人も少なくないのではないだろうか。

このように番組の山場に挿入されるＣＭを「山場ＣＭ」とか「ＣＭまたぎ」などという。

この「山場ＣＭ」という言葉をつくった慶應義塾大学の榊博文教授らが行った調査でも、山場ＣＭを不愉快と感じる人は86パーセントになるという結果が出ている。

つまり、ほとんどの人が山場ＣＭに嫌気がさしているのだが、それでも山場ＣＭがなくならないのにはワケがある。

それは、ＣＭの時間帯に起きる視聴率ダウンを避けるためにほかならない。

ＣＭになると視聴率はどうしても下がってしまうが、番組制作サイドとしては「視聴率」こそが番組の命綱だ。視聴率さえ高ければスポンサーも離れず、その番組を担当している制作者の評価も上がる。

そのため、視聴者がどんなにうんざりしてようが、山場ＣＭを多用してＣＭ中も視聴者をひきとめようとするのである。

とはいえ、今では番組を録画してCMを飛ばして見る人も多い。やたらと山場CMを乱用するとかえってテレビ離れが加速し、CMはもとより番組自体を観てもらえないという本末転倒の結果にならなければいいのだが。

スポーツ番組にも放送作家がいるって知ってた？

テレビやラジオで番組を企画したり、その番組がどのような流れで進行するかを構成したりするのが放送作家である。

たとえば、鈴木おさむ氏や高須光聖氏など売れっ子の放送作家になると、本人がテレビ番組やラジオ番組に出演したり、本を出版したりとマルチな活躍をする人も多い。

作詞家でAKB48グループのプロデューサーとして知られる秋元康氏をはじめ放送作家出身の著名人も多い。

主にお笑い番組やトーク番組などのバラエティ番組で活躍しているイメージがあ

る放送作家だが、じつはその活動の場は幅広い。

報道番組やスポーツ番組も今やただニュースやスポーツの結果を伝えているだけでは視聴者をひきつけられない。

つまらないと思われたらすぐに別の番組にチャンネルを変えられてしまうので、放送作家が携わることで独自の切り口や特集などを組んで視聴者を飽きさせない努力が必要なのだ。

番組中に流れるＶＴＲの構成や、選手へのインタビューの台本なども放送作家が手がけて指示しているケースも多い。

つまり、流れるニュースは同じでも、スポーツ番組を見比べて「このスポーツ番組なら毎週観たい」と思わせる番組は、それだけ放送作家の力量があるということになるのだ。

それぞれのスポーツ番組がどのような工夫をしているのかに注目しながら見るのも面白いだろう。

経済の視点で読み解く「コミックマーケット」の全貌

コミックマーケット、通称「コミケ」は世界最大の同人誌即売会である。毎年、夏と冬の年2回、東京ビッグサイト（東京国際展示場）で開催され、開催期間の3日間で50万人以上を動員するという〝オタクの祭典〟だ。

さまざまなジャンルの同人サークルが一堂に会して自作の同人誌などを展示して販売するのだが、近年では叶姉妹など著名人も参加して話題になっている大イベントだ。

ところで、これだけ大規模化しているコミケだが、参加サークルはそんなに儲かるのだろうか。

かつて２００７年には、女性向けの同人誌を販売していた人気同人誌作家が脱税で在宅起訴されている。

起訴状によれば、２００３年からの３年間で約１億８８００万円の所得を隠し、所得税約６６００万円を脱税したという。

こんな話を聞くと同人活動はかなり儲かるように思えてしまうが、コミケで黒字が出るのはほんの一握りの人気サークルだけである。

人気のある大手サークルは「壁サークル」といわれている。そのサークルの同人誌を買うために行列ができるためコミケの会場で壁際に配置されるのだが、そうした壁サークルの中でもそれなりの利益が出るのはわずかだ。

というのも、同人活動にはお金がかかる。同人誌をコミケで売るには印刷費のほか、コミケへの参加費や、地方から参加すると交通費や宿泊費などもかかる。

これらの経費を回収して黒字になるだけの部数を売りたいところだが、そこまで売れるようになるのはなかなか難しい。実際には赤字や、よくてもかかった経費と売上げがトントンなサークルがほとんどなのだ。

それでも全国から多くの参加サークルがコミケに出展するのは、同人誌への熱い情熱があるからだ。だから、仕事や学業の合間を縫って地道に活動を続けているのである。

おみくじの生産でシェアナンバー1を誇る神社とは

たいして信心深い人でなくても、初詣などで神社を参拝した時につい引いてしまうのが「おみくじ」である。たいていどこの神社にもあり、お守りなどと並んで神社の貴重な収入源のひとつになっている。

ところで、このおみくじはそれぞれの神社がつくっているのではなく、全国で製造しているところはわずかだという。

なかでも全国のおみくじの約7割をつくっているのが、山口県周南市にある二所(にしょ)山田(やまだ)神社が設立した「女子道社」である。

女子道社でおみくじをつくるようになったのには、明治時代の日本で男尊女卑の思想が根強かったことが背景にある。

当時、二所山田神社の宮司だった宮本重胤(しげたね)は女性の自立と地位向上を目指し、「大日本敬神婦人会」という組織を設立した。その機関誌として『女子道』を創刊したが、その活動を支える資金源としておみくじづくりを始めたのだ。

このアイデアは全国の数ある神社のニーズとみごとに合致し、各神社は収入源のひとつとしておみくじを取り入れることにしたという。女子道社のおみくじは占有率で全国トップになったというわけである。

ちなみに、女子道社ではおみくじの自動頒布機も考案している。

1年の運勢を占うおみくじは、日本の女性の自立のためにひと役買ってきたというわけだ。

ボウリングのピンが9本から10本になった意外な経緯

若者からお年寄りまで、家族みんなで楽しめる娯楽として定着しているボウリングだが、そのピンはもともと9本だったのをご存じだろうか。

ドイツで始まった競技としてのボウリングは「ナインピンズ」と呼ばれ、ひし形に並ぶ9本のピンを倒すルールだった。

その後、オランダを経てアメリカに伝わると市民の娯楽となり、さらにはギャンブルの対象にもなっていった。

ところが、ナインピンズのギャンブル行為があまりにも流行したため、政府が問題視して「ナインピンズ禁止法」という法律で取り締まることになった。

そこで苦肉の策として「9本ではなく10本のピンなら問題ないはずだ」という冗談のような理屈をつけて、10本のピンを倒すボウリングが生まれたのである。

当時、こんな話がまかり通ったのかと信じられないような気もするが、市民の遊びやギャンブルに対するあくなきパワーは法律程度で抑えることができないというところだろうか。

NHKでは「ゴールデンウィーク」と呼ばない⁉

毎年4月末から5月はじめにかけてのゴールデンウィークは、国民が国内だけでなく海外にも大移動するため各交通機関が大混雑する。

そもそも、なぜ「ゴールデン」なのかといえば、その名称が最初に使われたのは1951年のことだ。命名者は、映画会社大映の専務だった松山秀夫氏である。大映が配給した5月公開の映画『自由学校』がヒットした際、書き入れ時とされていたお盆や正月公開の映画よりも興行成績がよかったことから、公開時期の5月を「ゴールデンウィーク」と名づけたのだという。

今では春のゴールデンウィークに対して、9〜11月の連休をシルバーウィークと呼ばれるようにもなった。

ただし、これらの名称はNHKでは使われていない。NHKでは「大型連休」という呼び名を使っているのだ。

文字数の多さや、カタカナ語を極力避けるという国営放送の理念と方針に加えて、1970年代のオイルショックの際、華やかな印象を受ける「ゴールデン」という響きに対する苦情が寄せられたことも理由のひとつだという。

〝みなさまのNHK〟としてはこうした声に配慮するのは当然ということなのだろう。

謝罪会見が増えているちょっと困った話

まだ芸能人が一般人とかけ離れたスター的存在だった頃は、婚約や結婚を報告するのにも豪華な金屛風の前で記者会見が行われたものだった。

しかし、芸能人が身近な存在になっていくにしたがって、このような会見の数は減り、〝ご報告〟はマスコミに送られるFAXが主流になってしまった。

ところが、そんなご時世でも減っていないのが謝罪会見や釈明会見である。

しかも、最近では会見が開かれるまでには、ある一連の流れがあるのはご存じの通りである。

その流れとは、まず週刊誌が芸能人や政治家などの不倫や不正をスクープしたとの情報が流れる。それがテレビやネットニュース、SNSで拡散される。

そして、多くの人がスキャンダルの内容を〝予習〟した後に、ようやくその記事が掲載された週刊誌が発売され、会見という運びになる。

つまり、視聴者は会見を観る前から内容について熟知しており、会見もその〝シナリオ通り〟に進行される。会見で事実を知るというよりは、一種の見せしめのようになっているのだ。

そして、会見の模様は番組中に生放送で中継され、もちろん動画はネットにアップされる。平成の記者会見は、罪を犯した者への罰と化しているのである。

人気SNSのロゴには、こんな秘話があった!

人気SNS（ソーシャルネットワーキングサービス）のひとつである「ツイッター（Twitter）」は、ツイートやつぶやきといわれる140文字以内の短い投稿をして、そのツイートを不特定多数の人たちで共有するサービスである。

ツイートとは鳥のさえずりという意味の英語なので、そのロゴには青い小鳥のデザインが使われている。

さまざまなホームページやブログもツイッターとの連携でこのロゴを載せている

ので、ツイッターをしない人でも一度は目にしたことがあるだろう。

これまでもデザインがリニューアルされているこの小鳥のロゴだが、じつは最初のデザインの時にデザイナーに支払われた料金はわずか数ドルだったという。

というのも、インターネットの画像販売サイトに数ドルで登録してあったこのデザインをツイッター社が購入したからだ。

まさかここまで世界的に有名なデザインになるとはデザイナーもツイッター社も思っていなかったのだろう。

また、インターネット検索の大手企業「Google」の名前の由来は、じつは綴りの間違いから誕生したといわれている。

もともとは10の100乗を意味する「Googol（グーゴル）」と命名し、膨大な情報を組織化するという意味を持たせるつもりだったようだ。

それが登録する際にスペルを間違えてしまい、また「Googol」はすでにドメインが登録されていたこともあって、スペルの間違いから生まれた社名を使うことにしたという。

世界的な大企業に成長した2社も、今では考えられないような秘話が創業当時にはあったというわけだ。

イベントの人出は「並ばせて」数えている

初詣やコンサート、花火大会からデモ行進に至るまで、多くの人たちが一堂に会するイベントは1年を通じて各地で開催されている。

そこで必ず話題になるのが、「どれだけの人が集まったか」ということだ。チケットがあるイベントは別にして、それぞれが自由に集まるイベントで何万人もの数をどうやって把握しているのだろうか。

これは、イベント会場への入場の際に行われている「整列」にカギがある。

入場口へつながる列に並んでいると、主催者や会場警備のスタッフから「横に○列になってお進みください」という掛け声が掛けられることが多い。この○列を基準にして、おおよその数を掛け算して数えているのだ。

人数を把握することは、警備の上でも重要なポイントになる。安全確保に協力するためにスタッフの指示には素直に従っておこう。

〝エンタメ宇宙ビジネス〟は何を目指しているのか

日本の夏の楽しみのひとつといえば、花火大会である。

一夜にして数千から数万発もの花火が打ち上げられ、大勢の見物客を楽しませている。

そんな夏の風物詩に、そう遠くない将来、「流れ星大会」が加わるかもしれない。というのは、人工的に流れ星をつくる技術がすでに実現しているからだ。

人工流れ星の〝星のモト〟になるのは、人工衛星に載せて打ち上げる直径1センチメートルの金属球だ。

この球を人工衛星から打ち出すと、それが落下する時に発熱して金属球が光り、流れ星のように見えるのだという。

天然の流れ星は、宇宙に漂っている小さな岩やチリが地球の大気圏に突入し、大気の分子とこすれ合って発光しているので仕組みは似ている。実現されれば、きっと世界中で話題になるに違いない。

しかし、人間は飽きっぽい。宇宙にまでエンターテイメントの舞台が広がってしまうと、今度は逆にリアルな流れ星や漆黒の闇への注目度が上がっていくのかもしれない。

6 見てはいけない⁉アブない世界

医療界が警鐘を鳴らしている「食肉問題」とは?

「抗生物質耐性菌」という言葉を聞いたことがあるだろうか。

抗生物質は菌やウイルスに感染した時に処方される薬に入っている物質で、風邪薬などが身近な存在だ。

70年くらい前にヨーロッパで発見され、それまで死の病と恐れられていた赤痢やコレラ、結核などの感染症の治療に優れた効き目を発揮してきた。まさに夢の薬だった。

ところが、近年になってこの抗生物質に耐性を持つ菌が現れた。今までの抗生物質では菌を殺せなくなってしまったのだ。

そこで、この耐性菌を殺すための新薬が開発されたが、それにも抵抗力を持つさらに強力な菌が現れてしまい、また新薬を開発するというまさにイタチごっこの状態になっている。

そんな新たな菌の脅威と戦っている医療界が危惧している問題が、じつは食肉業界にある。

経済発展や人口増加などで世界の肉の消費量は年々伸びており、その旺盛な食欲を満たすために食肉の輸出国は大量に食肉を生産している。

そして、大量に効率よく生産するために病気の予防として牛や豚、鶏などに抗生物質が使われていることは知られていることだが、アメリカではそれだけなく最近まで成長促進の目的でも大量に使われていた。

食肉として出荷する動物の体重を早く増やすことを目的に、抗生物質が投与されていたのだ。

つまり、知らず知らずの間に多くの人が体の中に大量の抗生物質を取り込んでいることになり、それが耐性菌を増やす一因になっている可能性があるのだ。

アメリカでもようやく抗生物質の使用は原則として禁止になったが、規制が複雑で抜け穴もありそうだという。

おいしさや安さだけでなく、食に関する情報は安全性にも敏感にならなければならないということである。

破たん危機のベネズエラで不妊手術が増えているワケ

日本の産婦人科では、子供を授かるために不妊治療を受けるカップルが増えているというが、南米のベネズエラでは子供をもうけないための不妊手術が増えているという。

ベネズエラといえば世界でも有数の産油国で、かつてはオイルマネーで国民生活は潤っていた。

だが、アメリカでシェールオイルが増産されるようになってから原油の国際価格が一気に下落し、経済が破たんする危機に陥っている。

そうなれば、国民の間で募ってくるのは先行きへの心配だ。なかでも、子だくさんになってしまうとそれだけ生活費もかかり、暮らしが成り立たなくなってしまう。そんな不安から不妊手術が急増しているのだ。

スーパーマーケットの棚さえガラガラのベネズエラでは、避妊具を手に入れるのが難しく、もし望まない妊娠をしてしまってもカトリックの国だから中絶は認められていない。

不妊手術は、貧しくなってしまった国で生きていくための悲しい自己防衛手段だったのだ。

ウランバートルが北京以上の大気汚染都市になった㊙事情

世界に名だたる大気汚染都市といえば、中国の首都・北京を思い浮かべる人は多いだろう。晴天の日でも空は自動車の排気ガスなどでどんよりと薄暗く、超高層ビルの上層階がかすんでしまうという有様である。

しかし、アジアにはそんな北京よりもさらに大気汚染に悩まされている都市がある。中国の北に位置するモンゴルのウランバートルだ。

モンゴルの冬はもともと寒さが厳しく、最低気温がマイナス30度になることもけっして珍しくない。だが、近年は冬になると記録的な低温になり、マイナス50度以下という極端な寒さを記録することもある。

そんな厳しい寒さによって遊牧民は家畜を失い、生きていくために移動式住居のゲルと共に首都のウランバートルに流入している。

しかし、ウランバートルの寒さももちろん東京の比ではない。そのため、電気が通っていないゲルで住民はストーブで石炭を燃やす。モンゴルは石炭資源に恵まれていて、燃料といえば石炭という家庭が多いからだ。

そうして各家庭で燃やされた石炭からは大量のPM2・5が放出され、2016年12月には汚染レベルが北京の5倍にも達してしまったのだ。

このようなモンゴル特有の寒雪害を「ゾド」といい、エルニーニョ現象がその原因となっている。

エルニーニョはペルー沖の海水温が上昇する現象だが、そうなるとモンゴルでは夏は干ばつで牧草が育たないため、冬用の干し草が備蓄できなくなる。さらに冬は低温で降雪量が増え、寒さとエサ不足で家畜が大量死してしまうのだ。

モンゴルから遠く離れたペルー沖で起こる現象が、モンゴルを脅かしているのである。

やけに気になる「毛主席記念堂」のフシギとは？

世界広しといえども、歴史上の人物の遺体を見学できる場所というのはあまりない。しかし、中国には建国の父である毛沢東の遺体が公開されているところがある。それが毛主席紀念堂だ。北京の天安門広場にあるこの霊廟は、毛沢東が亡くなった直後に建設することが決定し、翌年に落成した。

1周忌には国内外から賓客を集めて、特殊な処理を施した毛主席の遺体を公開している。

現在も一般公開されていて、基本的には誰でも見学できるようになっているのだが、さすがにセキュリティは厳しい。

危険物はもちろん、カメラやビデオ、カバンの持ち込みが禁止で、外国人はパスポートを携帯していなければ入場することもできないのだ。

しかも、紀念堂は1日2、3時間しか開いていないので、いつも混雑していて長蛇の列に並ばなくてはならず、遺体が納められた棺の前で立ち止まることは許されない。

とにかく前の人に続いて、どんどん進まなければならないのだ。

あまりにも急かされるため、遺体は本物ではなく蝋人形ではないかという説が流布しているほどだ。

じつは、遺体を保存した毛沢東の主治医が、著書『毛沢東の私生活』の中に保存処理が困難なため蝋人形を極秘で製作したことを記しているのだ。

この本は主治医がアメリカに亡命してから書いたもので、もちろん一党独裁の中国では禁書となっているが、台湾などで手に入れて読んでいる中国人も少なくないという。

20万人が応募した火星移住計画が片道切符なワケ

少し前までは人類が火星に移住するなどSF映画の中の話のように聞こえたもの

だが、その技術はまさに日進月歩で進化していて、数年後には実現するというから驚きだ。

しかも、火星に移住したいという〝地球人〟は意外と多い。オランダのＮＰＯがスタートさせた「マーズワン」計画が募集した人類火星移住計画には、世界中から20万人の応募者が殺到したという。

火星は地球の3分の1に相当する重力や水もあり、人工衛星のようなソーラーパネルを使えば電気をつくることもできるから、人間が住むことは可能なのだという。

ちなみに、移住のための費用は1人につき数千万というが、その中には地球に帰還するために乗る宇宙船の運賃は含まれていない。そう、火星移住計画は片道切符で進んでいるのだ。

なぜなら、人類はこれまでに多くのロケットや宇宙船を宇宙に送り出してきたが、火星から発射させた経験はない。

火星から宇宙船を飛ばせるかどうかは、開発者が火星に乗り込んで試してみる必要があるが、もし不可能ということがわかれば彼らは永遠に地球に戻ってこれなくなってしまうのだ。

しかし、片道切符であることがわかっていても火星に行きたいという人が少なくないことはすでに明らかになっている。

その熱意によって、今後も火星移住の実現に向けて人類の英知が結集されるのだろう。

「プチ整形」の〝拡大解釈〟がもたらした変化とは？

キレイになりたいという願望は持っているものの、美容整形をしたことが周囲の人にバレてしまうのがイヤだといって、ひと昔前なら拒否反応を示す人が少なくなかった。

ところが、最近では美容整形に対するハードルはかなり低くなっている。そのきっかけとなったのが「プチ整形」だ。

この言葉が世に現れた頃はヒアルロン酸を注入してシワを伸ばし、顔の印象を若々しく見せる程度のもので、まさにちょっとした整形だった。

しかし、今やこれらはアンチエイジングのエステやメイクと同じ感覚でとらえられていて、もはや整形ですらない。プチ整形のくくりは、メスを入れない二重瞼の埋没法などまで拡大しているのだ。

そして、そんな拡大解釈とともにプチ整形の経験者も急増している。特に多いのが20歳前後の女性で、整形した理由はＳＮＳ映えするためだとか。

スッピンでもかわいらしく写真に写るためには、どの角度から見ても完璧でなくてはいけない。そんな強迫観念のような心理が、彼女らをプチ整形に走らせているのだろう。

インドのコンビニでスタッフが店舗の掃除をしないワケ

コンビニスタッフの仕事はレジ打ちだけでなく、商品の陳列や発注、揚げ物などの簡単な調理、宅配便の発送など多岐にわたる。

そして、お客が少ない時間に店内を清掃したり、トイレを掃除するのも仕事のひとつだ。だが、日本では当たり前のこんな仕事が、国が違えば受け入れられないことがある。

たとえば、インドではレジ打ちなどをするスタッフにトイレ掃除をお願いしても拒否されてしまう。「それは、自分の仕事ではない」からだ。

若い人の間や都市部ではそれほど意識されることがなくなっているとはいわれるものの、インド社会にはまだまだ社会的身分制度のカーストによる差別意識が残っている。

カーストは上から順に、宗教的な支配者階級のバラモン、貴族や武士階級のクシャトリヤ、市民階級のヴァイシャ、労働者階級のシュードラの4つに分かれていて、その下にカースト制度に属さないダリットという階層がある。

そして、この階級や階層によって職業が決まっており、親の仕事がそのまま子供の仕事になる。

つまり、レジ打ちの仕事とトイレ掃除の仕事では、「階層が違う」ということで拒否されてしまうのだ。

そうなると、掃除専門のスタッフを別に雇用することになるため、インドのコンビニ業界では人件費削減もままならないのである。

定員オーバーでもなくても、重量制限が課される飛行機のナゾ

ハリケーンや爆弾低気圧、大洪水など温暖化の影響と見られる異常気象が世界中で毎年のように起きている。

温暖化は農業などにも大きな影響をもたらしているが、直接自然とかかわりのなさそうな思わぬところにも被害が及んでいる。

それは航空業界だ。夏の猛烈な暑さによって飛行機が予定通り飛べないという事態が起きているのだ。

たとえば、アメリカのアリゾナ州フェニックスは砂漠気候でもともと暑い地域だったが、熱波が襲った２０１７年の夏には昼間の気温が48度に達した。さすがにここまで気温が上がってしまうと、飛行機は離陸できなくなってしまうのだ。

なぜなら、気温の上昇とともに空気が薄くなり、離陸に必要な揚力が得られなく

なってしまうからだ。

気温が高いということが欠航の理由となれば、ほかの航空会社に振り替えることもできないし、昼間の便の欠航が相次げば払い戻し金だけでも航空会社には莫大な損失となる。

地球温暖化による問題は、いろいろな意味で差し迫った脅威になっているのだ。

土日、休日、年末年始に死刑を執行しないワケ

日本は主要先進国の中で死刑執行を継続している数少ない国である。

死刑制度の是非についてはこれまでもさまざまな議論が繰り広げられてきたが、２０１２年12月の安倍内閣発足後から２０１７年末までの期間でも計21人の死刑が執行されている。

法務省によれば、年末時点での確定死刑囚の数は２００７年以降、毎年１００人を超えているという。

ところで日本では、死刑は法務大臣の命令によって執行されることになっている。この命令は死刑判決が確定した日から6カ月以内にしなければならないが、実際にはすぐに執行されることはほとんどなく、数年から10年以上経って執行されることが多い。

しかし、いざ法務大臣から死刑執行の命令が下りた時には5日以内に執行しなければならない。

その時には刑事施設内の刑場で所長や刑務官、検察官、教誨師（きょうかいし）などが立会って執行されることになる。

死刑執行を死刑囚に告げるのは当日の朝だというから、死刑囚本人はいつその日がくるのか直前までわからない。毎日、朝になると今日かもしれないという緊張を強いられることになるのだ。

ところが、法律の規定により1年のうちで執行されない日もある。それは、土日と国民の祝日、12月29日から1月3日までの年末年始だ。

この日の朝だけは、その日のうちに死刑を執行されるかもしれないという緊張からひと時、解放されるのである。

○参考文献

『「時刻表」舞台裏の職人たち』(時刻表OB会編/JTB)、『大放談!大相撲打ちあけ話』(北の富士勝昭、嵐山光三郎/新講社)、『我が家を売る時も買う時も絶対損しない方法』(金子徳公/現代書林)、『不動産裏物語』(佐々木亮/文藝春秋)、『「外食の裏側」を見抜くプロの全スキル、教えます。』(河岸宏和/東洋経済新報社)、『そうだったのか!選挙の秘ナイショ話』(渡辺強/ビジネス社)、『マンガ業界の○○な話』(マンガ業界の○○な話製作委員会編著/アスペクト)、『テレビ局の裏側』(中川勇樹/新潮社)、『誰も知らない不動産屋のウラ話』(川嶋謙一/幻冬舎メディアコンサルティング)、『銀行員のキミョーな世界』(津田倫男/中央公論新社)、『スッチー裏物語』(川西一仁/バジリコ)、『天気予報はこの日「ウソ」をつく』(安藤淳/日本経済新聞出版社)、『あの「食品」の裏事情』(野本健司監修/青春出版社)、『雑学図鑑　街中のギモンダイナマイト』(日刊ゲンダイ編/講談社)、『答えられそうで答えられない大人の疑問777』(トキオ・ナレッジ/宝島社)、『月刊「コンビニ」2016.3』(商業界)、『投資経済　2017.9』(投資経済社)、『プレジデント2014.12.29』(プレジデント社)、朝日新聞、毎日新聞、日本経済新聞、読売新聞、夕刊フジ、日刊ゲンダイほか

【ホームページ】

サントリー、lifehacker、東日本盲導犬協会、阪神甲子園球場、北海道マガジンKAI　まちぶら

ＮＡＶＩ滝川市、NEWSポストセブン、日刊スポーツ、ASCII.jp、東京メトロ　銀座線リニューアル情報サイト、YOMIURI ONLINE、タイムズ、伊勢神宮、IT media NEWS、Business Journal、かんぽ生命、メットライフ生命、一般社団法人　日本新聞協会、独立行政法人 国民生活センター、消費者庁、日本プロ野球選手会公式ＨＰ、中小企業庁、日本郵便株式会社、総務省、アイロボット公式サイト、日本経済新聞、産経ニュース、クレナビ、ダイヤモンドオンライン、ニューズウィーク日本版、週刊エコノミスト、週刊ダイヤモンド、ＪＩＣＡ、朝日新聞、日経ＢＰ、ORICON NEWS、ほか

青春文庫

外から見えない 世の中の裏事情

2018年 2 月20日 第 1 刷

編　者　ライフ・リサーチ・プロジェクト
発行者　小澤源太郎
責任編集　株式会社プライム涌光
発行所　株式会社青春出版社
〒162-0056 東京都新宿区若松町 12-1
電話 03-3203-2850（編集部）
03-3207-1916（営業部）
振替番号 00190-7-98602
印刷／大日本印刷
製本／ナショナル製本
ISBN 978-4-413-09691-1

自分の中に毒を持て〈新装版〉

あなたは〝常識人間〟を捨てられるか

岡本太郎

いつも興奮と
喜びに満ちた自分になる。
口絵が付き、文字も大きくなりました。

(SE-684)

史記と三国志

天下をめぐる覇権の興亡が一気に読める！

おもしろ中国史学会［編］

その時、本当は何が起きていたのか。
始皇帝、項羽、劉邦、諸葛孔明…
運命をかけたドラマ、その全真相。

(SE-685)

あなたに奇跡を起こす笑顔の魔法

のさかれいこ

毎日の人間関係、仕事、恋愛、家族……
気がつくと、嬉しい変化が始まっています。
全国から喜びの声が寄せられる〝魔法の習慣〟

(SE-686)

「折れない心」をつくるたった1つの習慣

植西　聰

負のスパイラルから抜け出せる考え方とは。
67万部のベストセラーに大幅加筆した
待望の文庫版！

(SE-687)

ほんとうのあなたに出逢う　青春文庫

すぐに試したくなる世界の裏ワザ200集めました！

例えば、安いステーキ肉を
上等な肉に変える
ドイツの裏ワザって？

知的生活追跡班［編］

（SE-688）

ここが一番おもしろい！国宝の謎

その「名品」には秘密がある！
法隆寺・金剛力士像・風神雷神図屏風……
新たな日本の歴史と文化を巡る旅

歴史の謎研究会［編］

（SE-689）

なぜか9割の人が間違えている日本語1000

意外な〝間違いポイント〟が
まるごとわかる新感覚の日本語読本。
この一冊で、よくある勘違いの99％が防げる！

話題の達人倶楽部［編］

（SE-690）

外から見えない世の中の裏事情

各業界の裏ルールから、知らないと損する
不文律、「中の人」だけが知っている
秘密の話まで。全部見せます！

ライフ・リサーチ・プロジェクト［編］

（SE-691）